積極態度成功聖經

Success Through A Positive Mental Attitude

珍藏版

拿破崙・希爾——著　王明華——譯

導讀

拿破崙・希爾（Napoleon Hill）出生於貧寒之家，後來成為美國最知名作家之一，曾擔任美國兩任總統顧問，在人際學、創造學、成功學等領域具有歷史性的地位。

一九三七年希爾完成了《思考致富聖經》一書，全世界至今有數億讀者，受到極高的推崇。經過數十年的研究，一九六〇年希爾歸納出本書《積極態度成功聖經》關於成功最有價值的「十七條成功定律」，又稱為「十七條成功黃金定律」，包括：

1. 積極的態度（Positive Mental Attitude, PMA）。
2. 設定明確目標。
3. 加倍努力。
4. 正確的思考。
5. 加倍付出。
6. 自律。
7. 建立智囊團。
8. 運用信念。
9. 愉快的個性。

10.充滿熱情。
11.專心致志。
12.團隊合作。
13.記取失敗教訓。
14.創新思維。
15.精打細算時間和金錢。
16.保持身心健康。
17.運用宇宙慣性定律（宇宙通則）。

這十七條成功定律，涵蓋了人類取得成功的所有主觀因素，使「成功學」變得具體可實現，不再只是空泛的學問。無疑為千萬人們建造了一條通往成功之路的十七個堅實階梯。

為了實踐理念，希爾創立了「拿破崙・希爾基金會」，成為美國成功人士的進修學院；希爾也被譽為「百萬富翁的創造者」，十七條成功定律則被譽為「打造富豪的定律」。

拿破崙・希爾曾以十七條定律作實驗，訓練三千名毫無經驗的推銷員。不到六個月，全部的人都各自賺進一百萬美元，還饋贈希爾三萬美元作為酬謝。

在美國政商界中，凡是金錢和權勢的角逐成功者，每一個人都受到十七條定律的影響。包括：美國第26任總統希歐多爾・羅斯福、第27任總統威廉・豪沃・塔夫脫、第28任總統富蘭克林・羅斯福、第32任總統伍德羅・威爾遜、汽車大亨利・福特、石油大王洛克菲勒、出版大王海福納、柯達公司總裁伊士曼等人，都是「十七條成功定律」的印證者、受益者和支持者。

印度聖雄甘地亦曾與希爾博士會面，並閱讀他的著作，然後下令全國學習拿破崙・希爾的成功學，希望借此幫助印度脫離貧窮。

對於希爾的成就，人際學大師卡內基非常讚賞，曾說：「我一生的最大成就之一，是幫助了希爾完成了他的成功學，這比我的財富更重要，他的成功學，是一個經濟的哲學，不同於蘇格拉底・柏拉圖與傳統西方思想史的哲學體系。它不僅是一個幫助人們脫離貧困，實現經濟富裕的方法，更是一門幫助人們建立完善人格、享受豐盛人生的重要學問」。

發明家愛迪生曾經寫信給希爾：「我感謝您花了這麼長的時間完成成功學……這是一個健全的哲學，追隨您學習的人，將會獲得很大的效益。」

拿破崙・希爾的《積極態度成功聖經》，告訴我們最重要一個道理，便是「你相信什麼，就能實現什麼」。希望讀者都能默記「十七條成功定律」，完成豐富而充實的人生！

推薦序

偉大的丹麥哲學家及宗教思想家索倫・克爾克查得說：「好書能夠讀透你的心。」在你手上正是這樣的一本書——《積極態度成功聖經》是勵志書籍的經典之作，同時也能像睿智的老朋友一樣，瞭解你的問題，並且提出忠告。

如果你有心改善生活，願意用心思考，為達成目標而努力，本書就是一份寶貴的藍圖，讓你徹底改寫未來。

多年以前，由於無知和錯誤，使我失去家庭和工作；我幾乎一無所有，前途茫茫，於是便開始四處漂泊，尋找自我及讓自己活下去的理由。

我大部分的時間都消磨在公立圖書館，因為免費又舒適。我讀遍柏拉圖等思想家的作品，想要找出答案，看看自己過去做錯什麼，未來該怎麼做。

我終於在拿破崙・希爾（Napoleon Hill）所著的這本書中《積極態度成功聖經》找到答案。十五年來，我運用書中簡單的技巧和方法，帶給我超值的財富與快樂。從一文不名的流浪漢，到兩家企業的總裁與知名的商業雜誌《成功》雜誌（Success Unlimited）的主編，我還寫了六本書，其中《世界上最偉大的推銷員》（The Greatest Salesman in the World）一直是推銷界的暢銷書，並被翻譯成十四種語言，銷售三百多萬冊。

這些都是每日奉行希爾的成功定律所得到的結果。如果我從零開始都可以做到，憑著你既有的條件，當然也能做得到。

我們生活在奇詭且快速變遷的世界，每天都有人宣稱找到新的快樂與成功之道，卻都出現不久就消失了。迷霧散去，只有希爾書中的真理，依然不斷改寫千萬人的生活。

你真的想要讓人生變得更好嗎？

若是，讀了本書是你最大的幸運。用心看完，細心體會，再看一遍，然後付諸行動。只要你下定決心身體力行，成功便指日可待。

奧格．馬帝諾（Og Mandino）

前言

成功最大的秘訣是——沒有秘訣。

本書《積極態度成功聖經》首版（一九六〇年）至今，經由書中詳盡的說明，千百萬的讀者發現，成功的法則根本不是秘訣，絕非莫測高深或不可思議。你可以獲得快樂、財富，達成所有值得追求的正當目標。

首先說明我和已故的拿破崙·希爾博士共事的情景，對讀者可能會有一些幫助。

《思考致富聖經》（Think and grow rich）。一九三七年，我所創辦的聯合註冊公司，專辦全國的意外險業務。當時，知名的業務主管、銷售講師、演說家莫里斯·皮庫斯，給我一本拿破崙·希爾剛剛出版的《思考致富聖經》。我仔細看過，書中的理念深得我心，我送給公司全美各地的業務代表每人一冊。

賓果！我押對寶了。《思考致富聖經》是鼓舞業務人員自我激勵、突破銷售業績與利潤的有效工具，成為公司所有新進人員公事包裡的標準配備。

我在一九五一年初見到希爾，那時他已經六十八歲，退休之後，住在加州，過著悠閒的鄉居生活，偶爾應邀演講。我們一見如故，我希望他重新投入勵志訓練與寫作的工作，他的條件是由我當他的經紀人。我答應了。

《成功》雜誌的前身，是我們「成功科學」俱樂部所出版的書摘型刊物，一九五四年創刊，當時稱為《無限成功》（Success Unlimited），每個月為會員充電和鼓舞。我們認為，動機（行動的原動力）就像火苗一樣，必須不斷地加進燃料，否則很快就熄滅了。幾年之後，我們的小型雜誌增張為標準版本，簡化刊名，加入全國性的廣告頁，逐漸成為知名的刊物。《成功》雜誌在脫胎換骨之後，仍然秉持希爾和我創刊時的基本理念。這些積極的觀念，是八十年代成功者致勝的關鍵，也是本書的重點。

一八八三年，希爾生於維吉尼亞州的貧困山區，賢慧的繼母鼓勵他不要屈服現狀，繼續接受教育，為自己訂出更高的目標。大學時他任職報社及雜誌社記者，半工半讀。一九〇八年，他奉命採訪安德魯·卡內基，這次的機緣改變他的一生。卡內基邀請年輕的希爾到他的家中，暢談人生的經歷及處世哲學。

「為什麼以我一個外國人，能在這個國家開創事業、贏得財富？」卡內基又問：「為什麼在這裡的每一個人都能成功？」不等希爾回答，他繼續說：「用二十年的時間，研究美國人成功的哲學，找出答案。你是否願意接受這項挑戰？」

「願意。」希爾說。

卡內基深信，生命中值得擁有的事物，都值得努力追求。他為希爾寫介紹信，訪問當時美國傑出的人物，但僅資助差旅等相關費用。而希爾本身，在訪談計畫進行當中，必須負擔自己的生計。

其後二十年間，希爾採訪逾五百名成功的人士，包括亨利・福特（Henry Ford）、威廉・萊格理二世（William Wrigley Jr.）、約翰・瓦那梅克（John Wanamaker）、喬治・伊士曼、約翰・洛克斐勒、湯瑪士・愛迪生、羅斯福總統、艾柏特・赫柏德、奧德根・阿默爾、路德・柏班克、亞歷山大・貝爾博士及茱莉亞・羅森華德。

希爾更將卡內基的理念發揚光大。一九二八年完成八大冊鉅著《成功定律》（Law of Success），至今在世界各地暢銷不輟，鼓勵成千上萬的人，追求傑出的成就。

希爾經由傑寧士・藍道夫議員的推薦，擔任美國威爾遜及羅斯福兩任總統的顧問，影響並造就美國歷史的重大決策。希爾擔任羅斯福總統幕僚期間，《成功定律》出版七年之後，開始撰寫《思考致富聖經》，出書後立刻洛陽紙貴，至今深受讀者喜愛；數千萬人看過之後深受感動，紛紛介紹給親友，就像我一樣。

《思考致富聖經》以卡內基的理念為基礎，融合希爾《成功定律》。而希爾所著的《積極態度成功聖經》一書，讓上述兩本書中的觀念更容易瞭解。

本書教你開發潛意識中積極的力量，訂出明確的目標，超越障礙，努力達成。

本書不斷地鼓勵讀者付諸行動。拿破崙・希爾於一九七〇年逝世，本書是他自認的代表作之一。《積極態度成功聖經》自一九六〇年出版至今，暢銷三百萬冊。許多讀者看過之後，開始勇敢地面對問題，實現夢想，人生為之改觀。

知名演說家《世界上最偉大的推銷員》等暢銷書作者奧格・馬帝諾，就是諸多見證者之一。我告訴《人生光明面》作者皮爾博士這本書的內容，他回信說，本書是少數極具創意的勵志書籍，有心追求成功的人，都應該人手一冊。

另一位勵志大師《偉大的種子》及《致勝哲學》作者丹尼斯・威特利（Denis Waitley）告訴我：「拿破崙・希爾的經典之作，使我從人云亦云變成有遠見的人。我告訴別人，若想保持領先，每年重讀一遍。我自己正是如此，每次都會有新的啟示。」

本書最可貴的成果，是來自讀者的肯定。每次演講會後，許多讀者都會說：「這本書改變我的一生。」我可以舉出成千上萬個實例。或許，當你體會並且運用本書的原則之後，最偉大的見證者，將是你自己。

特別說明：讀這本書時，把作者當成你的朋友，本書只為你而寫。把你覺得有意義的字句畫出來，把這些勵志的文句背誦下來。記住，本書的目的，是鼓勵你付諸行動。林肯從他所讀的書、所見的人及生活中所發生的事情當中，學習及自省，並且身體力行。你也可以和他一樣。

從書中找出適合你的訊息。特別注意：立即行動！

最後，我引用聯合保險機構總裁培特・雷恩的一句話：「只要你不自我設限，你就沒有任何限制。」

克萊門・史東（W. Clement Stone）

目錄

003 導讀
006 推薦序
008 前言

第一部 踏上成功之路

第一章 面對自己

025 「我們很窮，但不能怪上帝」
026 曙光乍現
027 成功的秘訣
028 每回逆境都含有等量或更大利益的種子
030 真正的偉人
031 消極態度的破壞力驚人
032 培養建設性的不滿
034 積極的態度可以學習與培養
035 遇到貴人

第二章　改變你的世界

041　世界對你不公平？
042　稚子的啟示
043　你是天生贏家
044　運用積極態度，塑造自我成功形象
046　照片會說話
046　明確的目標是所有成功的起點
049　你真正想要的是什麼
050　你擁有與生俱來的成功
051　每個人天生都具備處理問題的能力
051　積極的態度（ＰＭＡ）招徠健康
052　改造世界的公式

第三章　掃除心中的障礙

056　不要只根據理性來採取行動
057　只看到別人眼中的刺
059　語言是思考的工具，同時也是誤會的起源
061　蛙腿的邏輯

062 需要為發明之母，驅動人們追求成功
063 需要、消極的心態與罪惡
064 曾經是問題少年的聖・奧斯汀
064 聖經的力量使態度由消極變得積極

第四章 開發心靈力量

069 我會愈來愈有錢！
071 當死神來敲門
072 隱藏的說服者
073 只要有堅定的信念，一定會成功

第五章 再加一點！

076 運用積極的態度尋求成功
077 在萊特兄弟之前，許多致力於飛行的人都功虧一簣
078 最高法院為何判決貝爾為電話的真正發明人？
078 沈默的夥伴鼓勵邁向成功
079 立即寫下靈感！

080 等待靈感
082 學習哥倫布，不以失敗為恥
083 積極探索，運用所學

第二部 五種引爆成功的心理彈

第六章 有問題嗎？太棒了！

089 如何以積極的態度面對問題？
090 心態轉變，人生亦隨之轉變
093 性是另一股能夠載舟亦能覆舟的力量
097 清楚自己想要的是什麼
099 掌握時代脈動，創造財富

第七章 仔細觀察尋找成功的契機

105 觀察是一種學習的過程
106 找出問題，主動解決
107 慧眼識英雄
108 運用思考的力量
109 借力使力，獲得成功

第八章 立即行動

115 成功的秘訣就是行動，立即行動！
117 有了想法要立即行動
119 如何讓你的收入加倍？
120 立即行動，可以實現你最荒謬的夢想！

第九章 激勵自己

124 何謂激勵？
125 動機激勵人們採取行動
126 自我暗示，用一句話促使自己有所行動
128 尋找適合自己的工作
130 信心使墜機人員大海獲救

第十章 激勵別人

135 書信是鼓勵一個人的絕佳工具
137 以身作則，鼓舞他人
138 適材適任，有效激勵
141 運用方法，取得成果
143 立即行動

第三部　打開寶庫的鑰匙

第十一章　致富的捷徑在哪裡

149　致富有捷徑嗎？

第十二章　招徠財富

153　即使躺在病床上也能思考
155　確定目標是招徠財富的另一個要件
156　跨出第一步
157　消極的態度趕走財富，積極的態度招徠財富
159　薪水也能致富
160　現在開始不會太遲

第十三章　善用別人的錢賺錢

165　誠信是無可取代的
166　銀行是你的朋友
168　克萊門・史東如何用別人的錢買下保險公司

169 尋求無形的力量指引和協助
172 警告：濫用信用會傷害你
173 警告：小心投資股票
173 不要錯失良機

第十四章 在工作中獲得滿足

179 每天覆誦：我覺得健康！我覺得快樂！我覺得大有可為！
181 心態造成不同
182 明確的目標創造奇蹟
183 運用踏腳石理論
185 培養建設性的不滿
186 建設性的不滿鼓舞你成功
186 你的工作適合你嗎？

第十五章 偉大的執著

192 不論你是誰，都可以有所執著
193 痛失愛女的心路歷程
195 讓每一個難關都成為往上爬的機會
196 不用在乎別人對你的執著冷嘲熱諷
197 錢不好嗎？
199 心中有所執著可以活得更久

第四部 成功在望

第十六章 打起精神

207 適時為自己充電
208 有足夠的能量才有積極的態度
209 身心的健康都需要維他命

第十七章 健康與長壽

214 用積極的態度幫助你
215 我活不下去了！
215 最長的一夜
216 用一本書當催化劑
217 健康勝於財富
219 漠視的代價是罪惡、疾病及死亡
219 戒酒首先要戰勝自己
220 積極的態度可以戰勝疾病
222 用積極的態度預防意外事故
223 沒有人知道悲劇何時發生

第十八章 吸引快樂

228 快樂與否都是自己決定

229 與別人分享美好的事物就能趕走寂寞

230 快樂從家庭開始

231 父母需調整態度去瞭解孩子

233 體諒別人才能過得快樂

234 寫信是很好的溝通方式

235 滿足

第十九章 擺脫罪惡感

239 罪惡感教你體諒別人

240 用行動消除罪惡感

242 逐一彌補自己的錯誤

243 培養良好的特質

244 道德互相衝突時需抉擇

第五部　行動

第二十章　測驗你的成功係數

252　成功係數分析

第二十一章　喚醒內心沈睡的巨人

261　你的心理具有無形的巨大力量

262　本書將指引你走向成功之路

第二十二章　閱讀勵志書籍

266　如何讀一本書

第一部

踏上成功之路

第一章　面對自己

每個人的身上都帶著無形的護身符。一邊是「積極的態度（PMA）」，能夠招徠財富、成功、快樂和健康，使人登峰造極，並且屹立不搖；另外一邊是「消極的態度（NMA）」，阻擋所有美好的事物，使人一生庸庸碌碌，甚至從雲端跌至谷底。

山繆・富勒（S. B. Fuller）的故事，就是最好的說明。

「我們很窮，但不能怪上帝」

山繆・富勒的父親是路易斯安納州黑人佃戶，家中有七個兄弟姊妹。他從五歲就開始工作，九歲時會趕騾子。這些一點也不稀奇，因為佃農的孩子大多在年幼時就必須工作，對於貧窮十分認命。但富勒有一位了不起的母親，她始終相信一家人應該過著快樂且衣食無虞的生活。她經常和兒子談到自己的夢想。

「我們不應該這麼窮。」她時常這麼說，「不要說貧窮是上帝的旨意。我們很窮，但不能怪上帝。那是因為爸爸從來不想追求富裕的生活，家中每一個人都心無大志。」

沒有一個人想要追求財富。這句話深植富勒的心，並改變他的一生。他一心嚮往躋身富人之列，開始努力追求財富。他認為推銷東西是最快的致富捷徑，於是選擇挨家挨戶推銷肥皂。十二年後，他得知供貨的公司即將被拍賣，底價是十五萬美金。談判的結果，他用積蓄的兩萬五千美金做為訂金，答應在十天內籌足尾款十二萬五千美金。合約中並規定，若逾時未補齊尾款，將沒收訂金。

富勒的工作態度認真，極受客戶肯定。現在他需要幫忙，他向朋友、信託公司及投資集團借錢，到了第十天晚上，他籌到十一萬五千美金，還差一萬美金。

曙光乍現

「我已經想盡所有的辦法，」他回憶當時的情形，「時候已晚，屋裡一片漆黑，我跪下來祈禱，請求上帝指引，誰能在時限內借我一萬美金。我決定開車沿著第六十一街走下去，看到第一家亮著燈的商店，就進去請求協助。我請求上帝給我一線曙光。」

當時是深夜十一點，富勒沿著芝加哥第六十一街走下去，過了幾個路口，終於看到一家承包商的辦公室裡還有燈光。

富勒走了進去。那位承包商正埋首辦公，由於熬夜加班，已經疲憊不堪。富勒和他略有交情，他鼓起勇氣。

「你想不想賺一千美金？」富勒直接了當地問。

那位承包商回答：「想，」他說，「當然想。」

「借我一萬美金，我會外加一千美金紅利還給你。」富勒告訴那位承包商還有哪些人借錢給他，並且詳細說明整個投資計畫。

成功的秘訣

富勒的口袋裡放著一萬元的支票，踏出承包商的辦公室。其後他不但從接手的公司獲得可觀的利潤，並且還陸續收購七家公司，其中包括四家化妝品公司、一家製襪公司、一家標籤公司及一家報社。我們請他談談成功的秘訣，他用多年前母親的話回答：

「我們很窮，但不能怪上帝，那是因為爸爸從來都不想追求富裕的生活，家中每一個人都心無大志。」

「你看，」他告訴我們，「我知道自己要什麼，但不知該怎麼做。我用心研讀《聖經》等勵志書籍，祈求能夠達成目標的智慧。有三本書對我的幫助很大：⑴《聖經》、⑵《思考致富聖經》、⑶《時代的秘密》，研讀《聖經》給我的鼓勵最大。」

「愈知道自己要什麼，愈能夠看到機會，並且抓住機會。」

富勒的起點比一般人更不利。但是，他有遠大的目標，勇往直前。每個人的目標都不一樣。你有權利選擇自己要追求什麼。並非每一個人都要像富勒一樣，成功大企業家；並非每一個人都願意付出成為藝術家的昂貴代價；每個人對「財富」的定義不同，也有人認為，每天過得快樂、幸福，就是成功。

不論你所追求的，是像富勒一樣擁有財富，或是發現新的化學元素、栽種玫瑰花，或是養兒育女，都需要積極的態度才能成功。

每回逆境都含有等量或更大利益的種子

「如果是肢體的殘障呢？改變態度有什麼用？」你可能會問。一生下來就是殘障兒的湯姆．丹普西（Tom Dempsey），他的故事將告訴你答案。

湯姆一生下來，右腿就少了半截，右手只有一小段。從小他就渴望像其他男孩一樣運動，尤其是踢足球。父母為他裝了木製的義肢，可以套進堅固的特製足球鞋。日復一日，湯姆用他的義肢練習踢足球及遠距離射門。由於他的球技精湛，被延攬加入新奧爾良聖人球隊。

球賽終場前兩秒鐘，湯姆．丹普西用他殘缺的腿，從六十三碼外踢進一步，全場六萬六千九百一十位球迷的尖叫聲響徹雲霄，打破職業足球賽中，進球最遠的距離。聖人隊以十九比十七險勝底特律獅隊。

「我們敗給一個奇蹟！」底特律教練約瑟夫・史奇特說。

「踢進那一球的不是湯姆・丹普西，」獅隊後衛韋恩・渥克說，「是上帝。」

很奇妙！你可能又問：「湯姆・丹普西的故事對我有什麼意義？」

我們的回答是：「你必須自己身體力行，否則沒有任何意義。」

湯姆・丹普西成功的原則，適合每一個人，不論殘障或非殘障，不分年齡大小。你所能學習和應用的原則是：

- 培養達成遠大目標的強烈欲望。
- 以積極的態度不斷嘗試與努力，才能取得並保持成功。
- 要想技藝超群，必須練習、練習、再練習。
- 為了目標努力，雖苦亦甘。
- 只要積極求勝，任何逆境都含有等量或更大利益的種子。
- 祈禱是人類最偉大的力量泉源。

有了積極的態度，你才能學會並且應用這些原則。

詩人亨利說：「我是命運的主宰，我是靈魂的舵手。」未來取決於我們的態度，這是不變的法則。我們內心所想的，不論貧窮或富有，成功或失敗，都將成為事實。當我們胸懷遠大的志向，對待他人慷慨仁慈，成功已經在望。

真正的偉人

美國企業家亨利・凱薩（Henry J. Kaiser）擁有資產逾百億的企業，由於慷慨仁慈，幫助瘖啞的人開口說話、殘障者自立更生，成千上萬的病患，只要支付極低的費用，就能得到所需的醫療服務，這些都源於母親帶給他的觀念。

瑪莉・凱薩教亨利發揮生命最大的價值，這是她給兒子最可貴的禮物。

1.無價的禮物。瑪莉每天下班之後，都到醫院擔任義工，照顧不幸的患者。她時常對兒子說：「亨利，人必須工作才有所得。我給你最可貴的禮物是，樂在工作。」

2.生命最大的價值。「母親讓我知道什麼是生命最大的價值。」凱撒先生說：「愛別人，為他人服務。」

凱薩先生懂得以積極的態度，為他人也為國家服務。第二次世界大戰期間，他以驚人的速度建造一千五百艘船。他說：「我們每十天可以造好一艘自由輪。」專家都說：「絕對做不到——不可能！」凱薩卻做到了。

積極的態度使你人生永不匱乏，幫助你克服困難，激發力量，超越競爭者，像凱撒一樣，把不可能變成事實。

消極態度的破壞力驚人

從一個有趣的故事可以看出來。故事發生在美國南方的某一個州，當時一般家庭的壁爐，仍然燒著柴火取暖。有一位伐木工人，兩年來固定供應柴火給一戶人家；柴火的粗細不能超過七吋，否則就無法放進壁爐內。

有一次屋主向他訂了一捆柴火，發現大部分的木材都太粗了，便要求伐木工人換貨或代為劈柴，卻遭到對方因為不敷成本而拒絕。

屋主只好捲起衣袖，親自動手劈柴。他發現有一段樹枝的洞特別大，似乎有人故意挖開，而且特別輕——裡面是空的。劈開之後，發現當中藏著一捲用錫箔紙包住，面額為五十美金和一百美金的舊鈔票，總共有二千二百五十元美金。鈔票非常破舊，可見藏在樹洞很多年。他立刻想要物歸原主，於是打電話問伐木工人，柴火的砍伐地點。

「那是我的事，」伐木工人說，「傻瓜才會把秘密告訴別人。」

屋主想盡辦法，始終問不出伐木地點，或是誰藏了那些錢。

故事的結果是：態度積極的屋主得到意外之財；消極的伐木工人則與財富擦肩而過。

培養建設性的不滿

聯合保險公司有一個業務員名叫亞爾・艾倫（Al Allen）。亞爾一心成為頂尖的業務員，他時常閱讀勵志書籍與報章雜誌，並試著加以運用。他在《成功》雜誌上面，看到一篇文章，名為「培養建設性的不滿」（Develop Inspirational Dissatisfaction）。

一個寒冷的冬日，亞爾跑遍威斯康辛一條街道上的每一家商店，卻毫無所獲。當然，他非常失望。但是，他決定用積極的態度，把失望變成「建設性的不滿」。

第二天，他告訴同事昨天失敗的情形，並且說：「等著瞧！今天我要回去找那些人，我的業績一定會比你們所有的人加起來更好！」

亞爾做到了。他再度拜訪同一條街道的每一家商店，當天就簽下六十六份新的意外險保單。

亞爾原本在風雪中舉步維艱八個小時，連一份保單也簽不成。他重新調整自己的態度，在同樣的條件下，把失望轉變成積極的力量，贏得第二天的成功。亞爾的業績頂尖，被擢升為業務經理。

許多偉大與成功的人都具備同樣的特質。很多人認為成功可遇而不可求，自己並沒有足夠的優勢，其實不然。積極的態度就是最大的優勢，每個人都與生俱來，不需要外求。

事業有成的汽車大王亨利•福特受人稱羨，人們說他成功是因為幸運、有貴人相助或是天賦異稟。事實不只如此。從一則小故事可以看出福特成功的「秘訣」。

多年以前，福特決定開發一體成形的八汽缸引擎，交由工程部負責設計及製造。大家都認為根本就做不成。

福特說：「一定要做。」

「但是，」他們說，「不可能。」

「著手進行！」福特命令，「不論花多少時間，一直到成功為止。」

工程師只好著手進行。六個月過去了，沒有成功。又過了六個月，還是不成功。愈多工程師加入，似乎就愈「不可能」。

一年後，福特和他的工程師共同檢討，大家都還是想不出辦法。「繼續努力，」福特說：「我要它，我決心得到它。」

結果呢？

當然，絕非不可能。福特V8成為最受歡迎的車種，使亨利•福特和他的公司遙遙領先同業。培養積極的態度，你也能像福特一樣，把不可能變成事實。如果你知道自己想要的是什麼，就能夠想出辦法。

一個人從二十五歲開始工作，到六十五歲退休，工作的時數至少十萬小時。其中有多少時候，由於積極的態度而日進千里？又有多少時候，因為消極的心態而一籌莫展？

如何培養積極的態度？有些人似乎全憑直覺，福特開發福特汽車時就是如此；有些人必須學習，就像亞爾・愛倫一樣，把勵志性的文章應用到生活之中。

有些人雖然有積極的態度，但是一遇到挫折就會失去信心；他們不瞭解成功需要用積極的態度不斷嘗試。就像家喻戶曉的「約翰・格列爾」，它是一匹血統純正、訓練精良，唯一能夠與跑道上常勝軍「戰士」匹敵的賽馬。

積極的態度可以學習與培養

一九二〇年七月，兩匹馬終於在賽馬會上場較勁。起初，跑了四分之一的路程，牠們在跑道上不分軒輊，距離終點愈來愈近，只剩八分之一的路程，約翰・格列爾（John P. Grier）卯足全力，慢慢超前。此時，「戰士」的騎師當機立斷，他揚起馬鞭，重重地打在「戰士」的屁股上，「戰士」的屁股像著了火一般，奮力向前衝去，迎頭趕上約翰・格列爾並且超前，率先抵達終點。「戰士」比格列爾足足領先了七個身長。

原本鬥志昂揚，勝券在握的約翰・格列爾遭到挫敗。此次落敗使牠深受打擊，難以再恢復信心；牠在後來的比賽中，表現每況愈下，無法再創佳績。

很多人的情形和這個故事很類似。一九二〇年代美國經濟蓬勃發展，許多在當時賺了大錢的人，都在一九三〇年經濟大恐慌時，遭到挫敗而一蹶不振。他們的態度由積極轉為消極，從此不再嘗試，就像約翰・格列爾一樣，只能「想當年……」。

有些人隨時都保有積極的態度；有些人則虎頭蛇尾開始時使用，然後就停止使用；而絕大多數的人，並沒有真正開始使用對我們極有用處的這股巨大力量。

積極的態度可以經由學習得來嗎？根據我們多年的經驗，答案是絕對肯定的。這正是本書的主題。在以下各章中，我們會教你怎麼做。努力學習不會白費，因為積極的態度是所有成功的基本要件。

遇到貴人

你認識並培養積極態度的那一天，就是你遇到自己生命中最重要貴人的那一天，最重要的貴人就是你。你的心靈，就是你的法寶力量。所謂積極的態度，包括所有「正面」的特質，例如信心、正直、希望、樂觀、勇氣、自動自發、慷慨、毅力、機智、仁慈及豐富的常識。態度積極的人，具有遠大的目標，並且努力不懈。

消極態度則具有與積極態度相反的特質。

本書作者以多年時間，研究許多成功人士的成功之道。結論是，積極的態度是成功者共同的簡單秘訣。

積極的態度幫助富勒擺脫貧窮；讓湯姆‧丹普西不畏天生肢障，在職業足球賽中踢入射程最長的一球；讓亨利‧凱撒每十天建造一艘自由號；鼓勵亞爾‧艾倫再度面對曾經拒絕他的客戶，創下業績的記錄。

或許你已經運用積極的態度，創造豐富且多采多姿的人生。如果你還不知道該怎麼做，本書將告訴你什麼是積極的態度，以及如何發展應用。

積極的態度，就是本書所提出的十七條成功定律中最重要的一項。成功就是透過積極的態度，結合其餘十六項法則中的任何一、二項而取得的。請確實掌握成功的十七條法則。當你使每一項法則成為你生活中的一部分時，你將獲得健康、財富、幸福和成功。

你將在下一章中發現一個公式，應用它就可以使你隨時擁有積極態度。請掌握這個公式，把它應用到一切你所做的事情中，如此，你便走上成功之路。

【導航須知】　第一號導航

1. 你是自己的貴人！想要擁有成功、健康、快樂和財富，決定於你的態度。
2. 積極的態度吸引善與美的力量；消極的心態趕走生命一切美好的事物。問自己：「我如何養成正確的態度？」答案要明確。

3.自己的不如意不要歸咎於上天。你可以像富勒一樣，培養追求成功熾烈的欲望。怎麼做？心裡只想著自己的目標，摒除與目標無關的一切。

4.像富勒一樣，研讀聖經及勵志書籍，祈求無形的力量。

問自己：「你相信無形的力量會幫助你嗎？」

5.對於具有積極態度的人來說：每一種逆境都含有等量或更大利益的種子。逆境經常是偽裝的好機會，挫折中必定隱藏成功的契機。你只要花時間，用心思考就可以在逆境中找出成功的機會。天生殘障的湯姆·丹普西就是最好的實例。

問自己：「你是否用心思考如何在挫折中找出成功的機會？」

6.無價的禮物；工作的愉悅。生命中最可貴的人：受別人，為別人服務。像亨利·凱撒一樣，得到極大的成功。有積極的態度，你也可以做到。

問自己：「你是否會在這本書中找出如何培養積極態度的方法？」

7.不要低估消極的心態所帶來的否定的力量，它會趕走所有的好運。

問自己：「積極的態度招徠幸運，我如何養成積極的態度？」

8.失望也是好事。用積極的態度，像亞·艾倫一樣，把失望變成建設性的不滿，重新調整你的態度，把一時的失敗變成他日的成功。如何培養建設性的不滿？

9.對你自己說：「繼續努力！」像亨利·福特一樣，把不可能變成事實。

問自己：「你是否勇於追求遠大的目標，每天努力不懈？」

10.不要再「想當年」。當你因為不利的環境而挫敗時，告訴自己，抱有積極的態度才能取得成功，而以積極的態度持續不斷努力的人，才能保有成功。積極的態度是度過困境，使自己立於不敗的唯一方法。

【自我激勵的通用準則】

- 每一次挫折都含有相同或等量或更大利益的種子。
- 以強烈的欲望追求遠大的目標，造就偉大。
- 用積極的態度不斷努力，使自己立於不敗。
- 想要專精任何一項活動，必須練習、練習、再練習。
- 人類最大的力量存在於祈禱的力量。

第二章　改變你的世界

積極的態度是十七條成功定律之一。當你開始把積極的態度和成功定律中的其他所有法則結合起來，應用在工作上或解決個人的問題，你就已經找到達成目標的正確方向，踏上成功之路。

積極的態度是一種催化劑，能使任何成功定律結合發生作用，達成一個有價值的結果。消極的心態是一種催化劑，反而會招致犯罪和惡行，災難、哀愁和悲劇是它的報酬。

十七條成功定律是本書作者多年來演講、授課的主題，一共包括：

1. 積極的態度（Positive Mental Attitude, PMA）。
2. 設定明確目標。
3. 加倍努力。
4. 正確的思考。

5. 加倍付出。
6. 自律。
7. 建立智囊團。
8. 運用信念。
9. 愉快的個性。
10. 充滿熱情。
11. 專心致志。
12. 團隊合作。
13. 記取失敗教訓。
14. 創新思維。
15. 精打細算時間和金錢。
16. 保持身心健康。
17. 運用宇宙慣性定律（宇宙通則）。

這十七條成功定律不是作者憑空創造的，而是由廿世紀全球知名的數百位成功人士畢生的經驗萃取精煉而得。

從今天開始，把這十七條定律牢牢記在心裡，把這些原則應用在日常生活中，誠實地分析自己，做到哪幾項原則，哪些一直被忽略？

運用這十七條定律，做為每一次成功與失敗的評量工具，你就能很快找出成功與失敗的原因。

在日常生活中能夠以實踐成功十七條定律為己任，你就能發展和保持積極態度。你還可以用約翰・富勒、湯姆・丹普西、亨利・凱撒、伐木工人、亞爾・艾倫及亨利・福特的故事，或身邊的某個人來印證這十七條成功定律。對於書中所舉的其他實例，也可用同樣的方法加以印證。問自己：對方運用哪幾項法則？忽略哪幾項？起初可能不易判斷，慢慢地這些法則就會愈來愈明確，最後能夠充分運用。到了第二十章，你就可以運用「成功係數分析表」自我評量。

世界對你不公平？

有很多PMA（Positive Mental Attitude）積極態度成功定律課程的學員，都自認為在人生的某一方面失敗。我們在上課時第一個問題都是——「你為何參加這項課程？為何你還達不到預期的成功？」他們就會說出導致失敗的悲慘故事。

「我根本沒有機會升學。我的父親是酒鬼。」

「我生長在貧民窟，在那裡你一輩子都翻不了身。」

「我只唸過小學。」

這些人都會說，世界對他們不公平。他們把自己的失敗歸咎於外在的環境，一開始就抱持否定的態度。事實上，是消極的心態害了他們，而非外在的不利因素。

稚子的啟示

星期六早晨，一位牧師正忙著佈道的講稿。他的妻子外出購物，外面下著雨，小兒子強尼無事可做，吵鬧不休，令人心煩。牧師隨手拿起一份舊雜誌，隨意翻閱，看到一幅色彩鮮豔的世界地圖。他把地圖撕下來，再撕成碎片，散落在客廳的地板上。

「強尼，如果你把這張地圖拼回去，我就給你兩角五分錢。」

牧師認為這樣夠強尼忙一個早上了。結果，不到十分鐘，強尼來敲書房的門。兒子這麼快就把地圖拼好了，牧師感到非常訝異。

「兒子，你怎麼做得這麼快？」牧師問。

「很簡單，」強尼說，「地圖的背面是一個人。我照著人的樣子拼好，再翻過來就可以了。我想，只要人對了，世界就對了。」

牧師笑著給他的兒子美金兩角五分錢。「你給了我明天佈道的靈感。只要人做對了，世界就錯不了。」

這個故事帶給我們很大的啟示。如果你對世界不滿，想要改變，必須從改變自己開始。只要你對了，世界就跟著正確了，只要抱持著積極的態度，所有的難題都能迎刃而解。

你是天生贏家

你是否想過自己必須贏得多少勝仗，才得以降生人間？「想想你自己，」基因專家亞倫・史奇菲德說，「從古至今，沒有一個人和你一模一樣，未來也不可能會有另一個你。」

你是獨一無二的。為了生下你，許多戰役發生了，而這些戰役又必須以成功告終。想想看，數以億計個精子競逐，唯一的優勝者造就了你。受精卵比針尖還小，必須經過無數次細胞分裂被放大到幾千倍，才能長到肉眼可見的大小，這是攸關你生死存亡的重要戰役。

二十四個染色體，無數的基因經過排列組合，產生你的遺傳因子。這些遺傳的因子來自於你的父母；他們各自的祖先，經過數千年來物競天擇，進化了最具優勢的遺傳基因。一個最敏捷、速度最快的精子搶先與卵子結合，你的生命從此開始。

你是這場轟轟烈烈的空前戰役中，唯一的勝利者。具備先人所有的潛能和力量。你是天生贏家，不論你的人生遭遇多少阻礙和困難，其艱難度都不及受孕時的十分之一。每個人都是與生俱來的勝利者。

運用積極態度，塑造自我成功形象

美國最受人敬重的法官之一——艾文．班．庫柏（Irving Ben Cooper），生長在密蘇里州貧窮的社區。父親是移民的裁縫師，收入微薄，經常食不裹腹。班必須提著桶子，到附近鐵道撿拾運煤車掉落的碎煤塊回家取暖。他為此覺得很難堪，總是繞過街道，不想讓同伴看到。

同伴卻經常會看到他。有一群惡少，更喜歡守在他回家的途中，等著取笑他、打他，把他的碎煤塊丟得滿地，讓他哭哭啼啼地回家。因此，班一直難以擺脫恐懼及自卑的陰影。

但情況有了轉機。勝利總是等待人們準備好才出現。班看了哈瑞特．亞格所寫的《羅勃特．卡夫迪的奮鬥》一書之後，決定效去書中像他一樣不幸的主人翁，勇敢地克服逆境。他還繼續借閱亞格其他的作品，整個冬天，坐在寒冷的廚房內，看完一篇篇勇敢與成功的故事，不覺把自己當成書中的主角，在潛意識中培養了積極的態度。

幾個月之後，班又去鐵道撿拾煤塊。遠遠地看到三個傢伙躲在一棟屋子後面。他第一個念頭是掉頭逃跑，接著，他想到書中勇敢的主角，便抓緊籃子，向前走去，彷彿他是亞格書中的英雄。

那是一場激烈的打鬥。三名惡少同時向班撲過來，籃子掉落在地上，他猛力揮拳，使那些小流氓大感意外；他的右拳擊中其中一個人的鼻子，左手打中他的腹部。突然，那名惡少停止攻擊，掉頭跑掉了。另外兩個人繼續聯手踢他和打他，班跳了起來，膝蓋落在第二個人的身上，發瘋似地，拳頭如雨點般落在對方的腹部和下巴。

剩下那個帶頭的小流氓。兩人對峙數秒鐘，互相逼視對方。帶頭的小流氓一步一步倒退，也跑掉了。班憤然撿起一個煤塊，向他丟過去。

這時候班才發現自己的鼻子流血，身上也佈滿了瘀紫的傷痕。值得！這是班的生命中偉大的一天。此刻，他克服了恐懼。

班的身材和一年前相差無幾，他的對手還是一樣強悍。不同的是，班的心態。他下定決心不再受人欺負，從現在開始，他要改變自己的世界。

那天，班打敗三名街頭惡少時，他再也不是膽小怯懦、營養不良的班・庫柏，而是哈瑞特・亞格書中的少年英雄羅勃特・卡夫迪。以成功的形象看待自己，可以打破否定和消極的態度。另外一項重要的技巧是，利用一句話、一個圖案或任何對你有意義的象徵，去激勵自己，做成正確的決定。

照片會說話

一個總公司在中西部的企業總裁，視察舊金山分公司，看到秘書桃樂絲・瓊斯的辦公室牆壁上，掛著一大幅他的照片。「桃蒂，這麼小的辦公室，掛這張照片太大了吧？」他問。

桃樂絲回答：「你知道我遇到問題時都怎麼做嗎？」不等他回答，她把手肘放在桌上撐著頭，看著那幅照片。「老闆，這個鬼問題要怎麼辦？」

桃蒂的方法很幽默，意義卻發人深省。或許你的辦公室、家中、皮包裡有一張照片，在你遭遇重大問題時，能給你答案。照片裡可能是你的母親、父親、丈夫或妻子，可能是富蘭克林或林肯，也可能是一位聖人。當你面對重大的問題或抉擇，問你的照片，傾聽它所給的答覆。

明確的目標是所有成功的起點

明確的目標，加上積極的態度，就是成功的起點。記住，不論你是否願意，世界都會改變。但是，你可以選擇改變的方向。

羅勃特・克里斯多福（Robert Christopher）有明確的目標和積極的態度。看過朱爾斯・凡那的著作《環遊世界八十天》之後，克里斯多福想：「八十天環遊世界！那麼，我何不用美金八十元環遊世界？只要有信心，任何目標都能實現。」

他拿出紙和筆，把所有可能遭遇的問題列出來，再把能夠解決的部分作記號。克里斯多福是攝影專家，擁有一部性能良好的相機。他擬好計畫，立刻付諸行動。

(1)和查爾斯・普立茲大藥廠簽約，為藥廠到準備造訪的國家採集土壤標本。

(2)考取國際駕照，並準備一套地圖，以保證提供關於中東道路情況的報告書做為回報。

(3)蒐集報紙上徵船員的徵人啟事。

(4)取得紐約市警察局的良民證。

(5)取得青年旅館會員證。

(6)接洽同意搭載他橫渡大西洋的航空公司，條件是為該公司拍攝宣傳用的照片。

這個二十六歲的年輕人，搭機飛離紐約時，口袋裡只有美金八十元。用美金八十元環遊世界是他明確的主要目標。以下是他的一些經驗：

・在旅館餐廳吃早餐，他怎麼付餐費呢？他替廚房裡的廚師拍照，賓主盡歡。

• 在愛爾蘭買了四條美國香煙，用掉美金四・八元。當時香煙在很多國家都可以當錢用，做為交易的媒介。
• 從巴黎搭機飛到維也納，送給機長一整條香煙充當機票。
• 送四包香煙給列車長，讓他搭乘火車，從維也納穿越阿爾卑斯山到瑞士。
• 搭乘巴士到敘利亞首都大馬士革。他在敘利亞幫一名警察拍照，對方滿意極了，於是命令巴士司機送他到目的地。
• 為伊拉克快遞公司的總裁及全體員工拍照，讓他從伊拉克首都巴格達搭便車到伊朗首都德黑蘭。
• 曼谷一家高級餐廳的主人請他吃飯，待他如上賓。因為他提供對方所需的資料：各地區的詳細解說及一套地圖。
• 在船上擔任水手，從日本搭船回到舊金山。

環遊世界八十天？不只，羅勃特・克里斯多福花了八十四天。但是他完成目標，只用了美金八十元。

你真正想要的是什麼

我們再重複一遍：明確的目標，加上積極的態度，是所有成功的起點。牢記這句話，問自己：我的目標是什麼？我真正想要的是什麼？

從PMA成功定律課程的學員當中，我們估計，九十八％的人不滿意自己的世界，但心中又缺乏一個他們所喜歡世界的清晰圖像。他們不知道自己想要什麼；他們沒有明確的目標，只有隨波逐流。

設定目標並不容易，需要經過痛苦的自我考驗。但是，所有的努力一定值得。有了明確的目標，會得到以下四個好處：

1. 潛意識開始發揮積極的力量。它會開始進行工作，幫助你到達想去的地方。
2. 知道自己要什麼，容易找到正確的方向，並且開始行動。
3. 工作變得充滿樂趣。你願意付出時間和金錢，閱讀、思考並且計畫。經常思考目標，你對目標思考愈多，你就愈熱情，變成了熾烈的欲望。
4. 更能夠看出並且掌握有助於達成目標的機會。

《婦女家庭雜誌》（Ladies Home Journal）編輯愛德華・巴克（Edward Bok）的經驗，印證了這四個好處。他的目標是辦一份雜誌。有了這個明確的目標，他從別人視而不見的小書中，抓住機會。

他看到有人打開一包香煙，從裡面掉出一張紙片。巴克撿起那張紙片，上面印著一位女明星，底下註明照片有一整套，這是其中之一，照片的背面空白。

巴克心裡想，香煙盒內所附的明星照片，如果在背面加上明星小傳，價值一定會大為提高。他向承印那些照片的印刷廠經理提出自己的構想，立刻獲得認同。那位經理說：

「請你撰寫一百則名人小傳，每則一百字以內，酬勞是一則美金十元。把名單開給我，並加以分類，例如，總統、軍人、明星、作家……等。」

這是愛德華・巴克得到的第一份撰稿工作。名人小傳的撰寫工作應接不暇，他需要助手，因此以每則美金五元的酬勞請哥哥代寫。不久之後，巴克雇用五名記者為印刷廠撰寫名人小傳，自己擔任主編。

你擁有與生俱來的成功

這些人的成功都不是憑空得來。愛德華・巴克或是庫柏法官的人生，起初並非一帆風順；他們利用周遭環境的資源，發掘內在的諸多天份，開創成功的事業。

每個人天生都具備處理問題的能力

天無絕人之路。生命丟給我們一個問題，同時也給我們解決問題的能力，端看我們是否善加運用。當我們被激勵去使用我們的能力時，我們的能力就產生了變化。即使失去健康，你仍然能擁有對社會有貢獻的幸福生活。

米羅・瓊斯（Milo C. Jones）在威斯康辛州經營農場，家人的生活只夠溫飽；他的身體強健，工作認真勤勉，從來不敢妄想財富。突然，瓊斯癱瘓了，躺在床上動彈不得，又處於晚年，親友都認為他這輩子完了，事實卻不然。

瓊斯的身體癱瘓，意志卻絲毫不受影響，依然可以思考和計畫。

積極的態度（PMA）招徠健康

瓊斯決定要讓自己活得充滿希望、樂觀、開朗，做一個有用的人，繼續養家活口，不要成為家人的負擔。

他把自己的構想告訴家人：「我的雙手不能工作了，我要開始用大腦工作，由你們代替我的雙手。我們的農場全部改種玉米，用收成的玉米養豬，趁著乳豬肉質鮮嫩的時候灌成香腸出售，一定會很暢銷！」

「瓊斯乳豬香腸」果然一炮而紅，成為家喻戶曉的美食。瓊斯活著看到自己成為百萬富翁。透過積極的態度，使一個在生理上有重重障礙的人成為有用的人、快樂的人。

改造世界的公式

每個人都會遇到困難，需要自我激勵。能夠幫助你改變你的世界的公式是什麼？請牢記這句話：「凡人心裡所能想像並且相信的，藉著積極態度，終必能夠實現。」覆誦數次，將給你更大的勇氣，追求更高、更遠的目標。

威廉・丹佛斯（William H. Danforth）是密蘇里州西南部的農家子弟，一向體弱多病。就讀小學時，一位熱心的老師經常鼓勵他：「我敢打賭，你是全校最健康的孩子。」「我敢打賭」成為威廉・丹佛斯終其一生的座右銘。

他不但變成全校最健康的孩子，八十五歲高齡去世之前，還幫助成千上萬的孩子恢復健康，並且培養崇高的人格、冒險的勇氣及謙卑的心。在他漫長的職業生涯中，從來不曾請過一天病假。

「我敢打賭」（I Dare You!）激勵他躋身全美最大的企業之一。這句話激勵他從事創造生命的思考，把負債轉化為資產。他並成立以基督教義陶冶青少年人格的美國青年基金會，又寫作《我敢打賭》一書，迄今仍然鼓舞無數的讀者，創造更美好的世界。

威廉・丹佛斯的故事，印證了座右銘對一個人的激勵效果。

你是否時常把自己的失敗，歸咎於世界的不公平？若是，停下來想一想。這是全世界的問題，或是你自己的問題？努力學習十七條成功的法則，牢記在心，隨時應用，你的世界將會全然改觀。

【導航須知】　第二號導航員

1.你可以改造自己的世界！訂定遠大的目標，真心去追求。你是否想過追求哪些遠大的目標？

2.牢記十七條成功定律。你都記住了嗎？

3.你是否經常「歸咎於世界」？若是，用句話激勵自己：「只要人做得對，世界就對了。」現在你的世界對嗎？

4.你是天生贏家。繼承了所有達成目標的潛在力量。你是否願意努力開發內在的力量？

5.像庫柏法官一樣，用成功的形象看待自己。你會選擇誰做為偶像？

6.問自己一個重要的問題：「成功的形象對你說什麼？」傾聽答案。

7. 積極的態度加上堅定的目標是所有成功的開始。你是否選定明確的目標？是否每天牢記在心？

8. 選定明確的目標之後，另外一些成功定律會自動幫助你達成目標。

9. 每個人都有與生俱來的能力，解決自己的問題。你可以發揮哪些特別的能力？

10. 有一個公式幫助許多人改造他們的世界：凡是人心裡所能想像，並且相信的，透過積極態度，終必能夠實現。你記住這個公式了嗎？

積極態度加上明確目標，是所有成功的起點！

第三章　掃除心中的障礙

你認為自己是什麼，你就是什麼。你如何看待自己？你的思路是否井然有序？是否暢通無阻？或是佈滿蜘蛛網？

每個人的心中都有一些無形的蜘蛛網，聰明的智者也不例外。這些蜘蛛網就是消極負面的情緒、不良的習慣、思想及偏見，它使我們的內心雜亂不堪。

我們想要革除不好的習慣，卻時常不由自主地犯錯；像不慎陷入蜘蛛網的昆蟲，奮力想要掙脫，卻愈來愈無法自拔，內心交戰不已。有些人便放棄努力，自甘墮落。

昆蟲陷入蜘蜘蛛網，便無法掙脫。人類卻可以運用積極的態度，正確的思考，掃除心中的蜘蛛網和塵埃，使內心永遠清明。

不要只根據理性來採取行動

一個人的行動往往取決於思想、習慣、直覺、經驗和環境等因素。每種有意識的行動都不過是我們在做我們想要做的事，但我們心中的蜘蛛網就是：認定我們的行動只是根據理性。

西元前三十一年，一位住在愛琴海的希臘哲學家想要到迦太基，必須坐船去。他想出許多「應該去」的理由，同時卻有更多「不應該去」的理由，包括，他會暈船；船太小，很可能在暴風雨中翻覆；海盜隨時準備伺機搶劫財物，甚至可能被當成奴隸轉賣。考慮的結果，他不應該去。

結果他還是去了。為什麼？因為他想去。

每個人的理性和感性都應該求得平衡。但是，有時候，做自己想做的事情並沒有錯。就像那位希臘哲學家，他旅遊愉快，平安返家。

蘇格拉底是偉大的哲學家，他是一位智者，內心也有蜘蛛網。

只看到別人眼中的刺

年輕的蘇格拉底愛上美麗的亞克森希比。他其貌不揚，卻熱情洋溢，終於贏得美人芳心。

蜜月結束之後，他們開始互相挑剔對方。兩個人都有缺點，他自以為是，她喋喋不休。蘇格拉底說：「與人和睦相處是我的人生目標。我選擇亞克森希比，因為，只要能夠與她和睦相處，和任何人相處都不會有問題了。」

他雖然這麼說，言行卻不一致，並沒有用心和妻子相處。如果你一直證明都是別人的錯，別人就會對你敬而遠之，像蘇格拉底一樣。

蘇格拉底自認為很有修養，能夠忍受妻子的嘮叨。其實，他若能用心體會妻子的感受，用當初追求她的熱情和深愛逐漸影響，才是真正的修養。他看不到自己眼中的樑木，卻看到妻子眼中的刺。

當然，亞克森希比也有錯。蘇格拉底和她之間，就像許多夫妻一樣，婚後疏於溝通，無法分享彼此真正的感受、體諒和愛。「疏忽」也是一種心中的蜘蛛網。

我們問一位年輕的學員：「為什麼要參加這個課程？」他回答「為了我的妻子。」其他的學員都笑了。講師沒有笑，他從經驗得知，很多怨偶都只看到對方的缺點，卻看不到自己的錯。

四個星期後，在一次私人的聚會中，講師問那名學員：「你的問題處理得如何？」

「沒事了。」

「好極了。你如何解決？」

「我在上課時學到，當彼此因為誤解而產生問題時，必須反求諸己。我檢討自己的態度，發現都是負面的，問題並不在於我的妻子，而是我自己！解決自己的問題之後，我和她之間再沒有任何問題了。」

如果蘇格拉底曾經反求諸己，他和亞克森希比之間，情形將如何？如果你也同樣反求諸己，是否會過得更快樂？

語言是思考的工具，同時也是誤會的起源

阻礙我們獲得快樂最大的蜘蛛網，是表現思想的工具本身——語言。

一個九歲男孩的舅舅來找他的父母。

「你對說謊的孩子有何看法？」

「我沒有想過這個問題。但是，我確定一件事：我的兒子從來都不說謊。」

「他今天說謊。」

「孩子，你今天對舅舅說謊對不對？」

「沒有。」

「我們把話說清楚。舅舅認為你說謊。你說沒有。到底是怎麼回事？」父親轉過頭去看著舅舅。

「我要他把玩具收到地下室。他沒有做，卻說收好了。」

「孩子，你把玩具收到地下室了嗎？」

「收好了。」

「舅舅說你根本沒有收。你怎麼說？」

「我把玩具放在一樓通往地下室的樓梯窗口，那裡已經算是地下室了。」

甥舅之間的爭執，在於「地下室」的定義。男孩可能知道舅舅的意思，卻懶得走下樓去，面臨責罰時，才自圓其說。

一名哥倫比亞大學的學生，拜訪河邊教會的主教哈利・愛默森・佛斯迪克（Harry Emerson Fosdick）。學生一進門就說：「我是無神論者！」他坐定之後，再度堅稱：「我不信上帝！」

幸好，佛斯迪克博士是語意學專家。他從長久以來的經驗得知，必須徹底瞭解對方話中真正的涵意，才能真正和他溝通；此外，也必須讓對方瞭解自己的意思。因此，佛斯迪克博士不但沒有駁斥他唐突的論調，反而表示非常有興趣。他問：「請你說一說你不信的上帝，是什麼樣子？」佛斯迪克博士知道，好的問題能夠釐清思緒。

那名學生開始描述他不相信的上帝。等他說完之後，主教說：「如果上帝像你所說的那樣，我也不相信。」經過一番深入的對談，那名學生才發現，自己並非無神論者，而是非常虔誠的信徒。他信奉上帝。

佛斯迪克博士並沒有被對方的話所誤導。他用一個簡單的問題，幫助對方清除思緒的蜘蛛網，導入正確的軌道，同時，也讓自己有機會解釋上帝真正的意義。

蛙腿的邏輯

美國慈善家克萊門・史東也說了一個有趣的經驗：

從小我就很喜歡吃蛙腿。有一次我在餐廳吃到牛蛙腿，味道不好，因此，我認為大的蛙腿不好吃。

幾年後，我在肯德基州一家高級餐廳的菜單上看到蛙腿。我問侍者：

「這些是小的蛙腿嗎？」

「是的。」

「真的嗎？我不喜歡大的蛙腿。」

「不會錯的。」

「如果是小的，我要點一客。」

蛙腿送上來，是牛蛙腿。我很不高興地說：「這些不是小的蛙腿。」

「這是我們這裡最小的蛙腿。」

我勉為其難地吃了，結果十分美味，真希望這些蛙腿更大一點。

我得到一個邏輯的啟示。蛙腿的美味與否和大小無關，我所假設的前提是錯的。很多人的腦子裡充滿錯誤的假設，例如，每次……只有……從來都不……什麼都沒有……每個人都……沒有人……沒辦法……不可能……不是……就是。這些錯誤的前提，導致錯誤的結論。

需要為發明之母，驅動人們追求成功

目標必須正當，否則可能淪為犯罪，無所不用其極。

李・布雷克森（Lee Braxton）生於北卡州，父親是貧苦的鐵匠。他在十二名子女當中排行第十。「我習慣幼年的貧窮。我非常用功，在學校的功課是第六名。我替人擦鞋、送雜貨、送報紙、洗車，還當過技工學徒。」布雷克森先生說。

成為正式的技工之後，他認為自己只能如此。結婚之後，他的收入微薄，和妻子縮衣節食，只夠溫飽；他習慣貧困的生活，似乎永遠不可能掙脫貧窮的枷鎖。更可怕的是，布雷克森失業了。由於付不起抵押貸款，他的房子即將遭到拍賣。

在絕望之際，他祈求上帝的指引。一位朋友給了他《思考致富聖經》；那位朋友在不景氣時失去工作和房子，看過書之後，受到鼓舞，重新賺得財富。

布雷克森一再研讀那本書。「要追求財富，」他告訴自己，「我必須做一件事，首先要培養積極的態度，選定一個明確的目標，才能突破困境。我一定要踏出去，就從現在找到的第一份工作開始。」

他找到一份工作。起初薪水並不高，幾年之後，他籌組懷特維第一國家銀行，並擔任總裁，其後並當選市長，經營許多成功的企業。他的目標訂得很高，要在五十歲以前，賺得足夠的財富之後退休。結果，他提前六年做到，四十四歲就退休了。之後李•布雷克森全力幫助歐洛•羅勃主教（Oral Roberts）傳福音，過著充實的生活。

需要、消極的心態與罪惡

許多人因為偷竊、挪用公款或其他罪行而身繫囹圄。問他們為什麼要偷竊，答案一定是「沒辦法」。這就是他們坐牢的原因，他們的心裡充滿消極的念頭。

拿破崙•希爾曾經在亞特蘭大聯邦感化院的監獄，對一位重刑犯做過幾次個別諮商。他問：「你的犯罪生涯是如何開始的？」受刑人回答：「需要。」並且心有不甘地說，他也做過一些善事，報紙卻從未提及。其實，那些和他的罪行相比，根本微不足道。他否定了「需要」的意義，造成別人的痛苦和災難。他以為略施小惠，可以彌補曾經犯下的滔天罪行，他並非真心悔悟，不但浪費自己的生命，內心困惑不安，並且飽受病痛的折磨。

曾經是問題少年的聖·奧斯汀

古羅馬時期，聖·奧斯汀（St. Augustine）少年的時候聰明活潑、機智敏銳，卻經常反抗父母和老師，說謊、偷竊、沈迷賭博和酒色。

他的母親從來不放棄希望和信心，不斷地為他禱告，規勸他走上正途。他的內心開始掙扎，想要找回自己，不再墮落。他很慚愧自己抗拒不了罪惡的誘惑，便每天研讀聖經及勵志的書籍，企圖戰勝自己。終於，他下定決心服侍上帝，為他的朋友服務。他以自己的過去現身說法，讓絕望中的人們再度燃起希望，最後得到聖者封號，受到人們崇敬。

聖經的力量使態度由消極變得積極

很多信仰虔誠的人，只研讀聖經，不看其他的勵志書籍。他們說：「不要違背上帝。」不敢探索上帝所賜予的力量：選擇、計畫及掌握未來。事實上，很多勵志書籍幫助讀者瞭解聖經中的真理，藉以掌握自己的思想、情緒和命運，並未違背上帝。

從前面的探討中，我們指出幾種內心的蜘蛛網：

1.消極否定的情緒、觀念及偏見。
2.只看到別人的缺點。
3.語言的誤解。
4.錯誤的前提導致錯誤的結論。
5.狹隘的前提導致錯誤的結論。
6.誤解需要迫使人犯罪。
7.錯誤的觀念和不良的習慣。
8.誤認為運用意志的力量違背宗教的虔誠。

除此之外，你還會在自己的內心，看到大大小小的各種蜘蛛網，你會發現，它們全都是消極態度所造成的。全部列出來，仔細檢視，用積極的態度掃除心中的蜘蛛網。

【導航須知】　第三號導航員

1.你就是自己所想的樣子。看看自己。你的思想決定：你是好人或壞人？健康或生病？富有或貧窮？
2.用積極的態度掃除心中的蜘蛛網：消極負面的情緒、偏見、錯誤的觀念和不良的習慣。

3. 研讀本書時，你可以學到如何用積極的態度掃除心中的蜘蛛網。
4. 遇到因為誤解而產生的問題時，你必須先反求諸己。
5. 一句話可以導致爭執、誤解、不愉快、甚至造成悲劇。同樣的一句話，用積極或消極的心態看待，結果大不相同。
6. 看看自己的心。佛斯迪克博士帶領年輕人看看自己的心，使他發現自己並非無神論者，而是虔誠的信徒。
7. 青蛙腿也有邏輯。與人發生爭執時，先確定你的前提是否正確。
8. 總是……只有……從來都不……什麼也沒有……每次都……每個人……沒有人……沒辦法……不可能，這類武斷的話應該盡量避免。
9. 需要是否促使你追求正常的目標與成就？或使你企圖以欺騙的手段達到目的？
10. 對於問題少年，不要放棄希望。將來他可能創造自己的世界，並且讓你的世界更美好。
11. 引導你的思想，掌握你的情緒，創造你的命運！牢記並且經常覆誦聖經激勵語句。
12. 學習分辨傳言，釐清事實。學習分辨重要與不重要的事情。

用積極的態度引導你的思想，
掌握你的情緒，開創你的命運！

第四章　開發心靈力量

心靈擁有神奇的力量——已知和未知的力量。善於發掘與運用這些力量，將為你帶來：⑴健康、快樂的身心與財富；⑵成功的事業；⑶使你有能力影響、運用、掌握及協調所有已知及未知的力量。

開發心靈的力量，就像小寶寶選擇電視頻道一樣簡單；不需要瞭解複雜的網路和科技，只要按下正確的按鈕。雖然，這種特殊的機器是造物者的傑作，但你卻擁有它。這種機器由許多零件所組成，而每一個零件，本身就是一種電子裝置。你所擁有的奇妙機器是什麼呢？就是你的身體。那電子裝置又是什麼呢？就是你的大腦和神經系統。你的身體就是由大腦和神經系統來控制的，你的心靈也是透過它們來發揮功能的。

本章教你如何按下正確的按鈕，讓你的心靈——有意識和潛意識開始運作，發揮最大的效果。

我會愈來愈有錢！

我們先看看澳洲雪梨的比爾・麥克柯爾（Bill McCall），從挫敗到成功的心路歷程。

比爾十九歲開始創業，他失敗了；二十七歲競選議員，鎩羽而歸。他不但沒有被接二連三的挫折擊倒，反而培養了建設性的不滿，受到了最大的激勵。

他開始思索成功的法則。

比爾・麥克柯爾一心致富，他從勵志性的書籍中找尋致富的方法。他在圖書館裡找到《思考致富聖經》，看了三遍之後，仍然體會不出致富的道理。他告訴我們：

「我在雪梨的商店街閒逛時，又坐在路旁看了第四遍。後來我走到一家肉店的櫥窗前，停下來看了一眼。在那一刻，突然靈光乍現！我找到了！我十分興奮，立刻飛奔回家。

當時我正看到第四章『自我暗示』，小標題是『影響潛意識的媒介』。我想起小時候父親唸過伊邁爾・高茲的《自我暗示掌握自我》，裡面說：」

1.究竟是治療者的暗示，或是病患的自我暗示影響治療效果？

答案是，治療人員的暗示，刺激病患的潛意識，進而使肉體產生反應。治療人員的暗示，需要病患的潛意識配合，才會有作用。

2.若治療人員的暗示能夠刺激病患的潛意識，病患是否能夠以健康、積極的自我暗示打敗病魔？答案是肯定的。

於是他開始用自我暗示，幫助人們擺脫疾病、恢復健康。

自我暗示非常簡單，連小孩都能學會。方法是，不斷重複正面肯定的話，例如：「我會愈來愈好」。在本書中，你將看到許多自我激勵的語句，你可以把它用於自我暗示。

自我暗示控制潛意識中的思想，可以造成建設性或毀滅性的結果。把自己對於致富的渴望寫下來，每天大聲唸兩次，唸時並要感覺到、看到自己擁有財富的樣子。把致富的目標直接輸入潛意識中，可以改變思考的習慣，促成正確的行動，使你的夢想成真。自我暗示的效果，取決於你是否堅持目標，產生熾烈的欲望。

自我暗示也可以用來追求財富及其他的目標——比爾在瞬間體會出「利用自我暗示致富」的道理。回家之後，他立刻照拿破崙•希爾的方法，訂定明確的金額和日期，他寫道：「我的目標是在一九六〇年以前賺到一百萬。」

比爾•麥克柯爾後來成為澳洲最年輕的國會議員、可口可樂雪梨分公司董事長以及一家由二十二個家族所組成的著名企業的董事。他比預訂的時間提早四年達成目標。

當死神來敲門

自我激勵的短語，在危急的時刻，常會從潛意識中浮現出來，產生無比的力量。我們在澳洲的一位學員羅夫・威普那（Ralph Weppner）正是如此。

凌晨一點半，一家小醫院的病房內，兩位護士守候在羅夫的身旁。下午四點半，醫院發出緊急通知，要家屬趕來醫院。家屬到達時，羅夫因為心臟病突發而陷入昏迷。家人退到走廊，為他的病情禱告。

昏暗的病房內，護士正為羅夫測量脈搏。他已經昏迷六個小時，醫生也無能為力。羅夫動彈不得，卻還能清楚聽到護士的談話。

「有沒有脈搏？」

「沒有。」

同樣的對話一再重複。

「我還活著，」他想，「我一定要告訴她們，無論如何一定要告訴她們。我還活著，我不會死。」

但是，要怎麼告訴她們呢？他記起了學過的自我激勵的一句話：「你認為自己做得到，就一定做得到！」

他努力想睜開眼睛，眼皮卻不聽使喚；他想要抬起頭、手臂、腿，卻沒有任何反應。他不斷地嘗試睜開眼睛，終於聽到：「我看到他眨眼睛，他還活著！」

「我一點也不害怕，」羅夫說，「每隔一段時間，就會有一位護士叫我，你還活著嗎？威普那先生？你還活著嗎？我會眨動眼皮，告訴她們我沒事，還活著。」

經過不斷地努力，羅夫終於能夠睜開一隻眼睛，然後是兩隻眼睛。此時醫生回來了，醫生和護士憑著精湛的醫術和耐心，把他從鬼門關搶救回來。

他在PMA成功定律的課程中，學到「你認為自己做得到，就一定做得到！」這句話，幫助他掙脫死神的巨掌。

我們所讀的書和所擁有的意念，都會影響我們的潛意識。

隱藏的說服者

美國紐澤西州一家戲院曾經做過一項實驗。在銀幕旁邊打出廣告訊息，一閃即逝，觀眾不能有意識地看清楚；這項實驗持續六個星期，大約有四萬名觀眾，不自覺地成為這項實驗的受試者。廣告的內容是請大家購買販賣部的產品。實驗的效果非常顯著，其中一項產品的銷售量激增五十％，其餘則增加達二十％。

設計這項實驗的人解釋，雖然肉眼看不清楚廣告的內容，潛意識卻能夠接收這些訊息。

消息見諸報端之後，大眾對利用潛意識的暗示，「影響思考習慣、購買決策及思考過程」都感到不可思議。人們害怕在不知不覺中被洗腦。當然，自我暗示也可以用在積極的目標上，同樣的力量可以向善或向惡，只是方向不同。同樣的方法，如果在戲院的廣告中，打出以下的內容，觀眾必定受益匪淺：

每一天，在各方面，我都愈來愈好！

鼓起勇氣面對現實！

你認為自己能做到，就一定做得到。

只要有堅定的信念，一定會成功

安德利・多利亞輪為何翻覆？皮耶・克拉邁（Pierre Clamai）船長所指揮的安德利・多利亞輪，在距離德克特島約五十英里處，與諾德森船長指揮的斯德哥爾摩輪相撞，船難共造成五十人死亡，但是在兩船相距十英哩時，斯德哥爾摩輪的雷達操作員其實已經看見多利亞輪。一九五九年三月二十六日，法蘭克・西維克船長指揮的葛莉絲豪華輪聖羅沙號，在距離紐澤西海岸二十二英哩處，與運油船維全號相撞。這兩起船難真正的原因至今仍然成謎。

伊利諾州的催眠大師雪利・史萊德（Sidney Schneider）曾經擔任雷達觀察員及電子工程師，在第二次世界大戰期間，負責用雷達監督離港的船隻。他判斷雷達的電波可能與腦波重疊，使全神貫注的觀察員在不自覺間變得精神恍惚，無法察覺危險的狀況。根據這項假說，他改變雷達的電波，消除這種恍惚的情形。

雪梨・史萊德在戰後利用同樣的原理，發明腦波同步器，用來刺激腦波，達到各種不同程度的催眠效果。這項器材可以單獨使用，或是配合治療師暗示的錄音帶。九十%的受試者，可以在三分鐘之內達到深度催眠的效果。

有關心靈與意志力量的研究，經常被認為是毫無科學根據的無稽之談。然而，仍然有許多可敬的有識之士，不顧人們的誤解及扭曲，積極從事相關的研究工作。曾經任教杜克大學的約瑟夫・班克斯・萊恩（Joseph Banks Rhine）博士，受到妻子露易莎的鼓勵，致力於此類研究工作長達三十年，著有《靠近你的心》（The Reach of the Mind）一書。他的理論以嚴謹的數據及控制實驗為基礎，再加上無可指摘的高尚品格，受到西屋公司董事長彼得・卡斯楚西歐的重視。西屋的科學家亦曾研究利用心電感應及透視的溝通方法。

心靈的力量無遠弗屆，只要你想得到，並且堅信，透過積極態度，就一定能夠做到。

人不僅具有肉體，還具有心靈，而心靈又由兩個部分所組成：有意識與潛意識。下一章你將讀到有意識的力量。

【導航須知】　第四號導航員

1. 人是心靈加上肉體。身體是一部機器，大腦是控制主機。
2. 心靈分兩部分：有意識與潛意識，兩者同時運作。
3. 自我暗示將訊息傳送到潛意識，改變習慣、記憶及行為的模式。
4. 「每一天，在各方面，我都愈來愈好。」重複地自我肯定，可以有效地喚起潛意識的回應。比爾・麥克柯爾便是用自我暗示獲得財富。
5. 高茲的大發現是，健康的、積極的暗示可以幫助自己。
6. 學習用適當的暗示影響別人。學習正確的自我暗示，你可以擁有身心的健康、快樂與成功。
7. 擁有積極的態度，相信自己做得到，你就可以做到。
8. 用積極的態度做隱藏的說服者。
9. 大腦以腦波送出能量，這種能量就是能夠影響另一個人或物體的力量。
10. 斷章取義非常危險，讓萊恩博士引導你，勇於開發心靈的力量。我會愈來愈好。

第五章　再加一點！

你是否努力嘗試，卻依然失敗？你可能還需要什麼。

歐幾里得原理指出：「整體等於各部分的總和，而大於任何部分。」

消極的態度是失敗最主要的原因，不懂得影響、運用、控制或調整已知及未知的力量。

當你以積極的態度尋求成功時，你會不停地努力。你會持續地尋求，以獲得更多的東西。有些人初遇挫折，就停止尋求，終必失敗。

運用積極的態度尋求成功

有人寫了一首歌但未受青睞。美國百老匯著名音樂人喬治・科漢（George Cohan）買下版權，再加幾個字 Hip, Hip, Hooray！（喝采聲），結果新歌大賣。

愛迪生試過一萬多種材料才成功發明電燈，每次失敗之後，都再嘗試新材料；把未知變成已知，神奇的電燈終於誕生。醫學上對於疾病的治療及預防，也有許多類似的實例。

在萊特兄弟之前，許多致力於飛行的人都功虧一簣

萊特兄弟將別人試過的方法和原理重新組合，加上自己的創意，成功的發明了飛機。他們創造了一種新型的機體，所以在別人失敗的地方，他卻成功了。他們的創意相當簡單，在特製的機翼加上活動的襟翼，使飛行員能夠控制並且維持機身的平衡。他們所設計的襟翼，成為現代飛機的始祖。

你有沒有發現到，這些成功的事蹟都有一個共通點，那就是：應用了先前未被應用的一般規律。這就是成功與失敗的分野。

如果你始終無法突破瓶頸，試著再加一點東西。短短的 Hip, Hip, Hooray！其作用正如臨門一腳；在許多人失敗之後，小小的機翼使飛機飛了起來。「再加一點」的量並不重要，真正發生作用的是「創意的質」。

最高法院為何判決貝爾為電話的真正發明人？

在貝爾之前，很多人宣稱自己發明電話，其中有一個人叫作菲利浦．利斯幾乎成功了，卻由於電流間斷不持續，因而無法通話。貝爾把一根小小的螺絲轉動四分之一圈，把間斷的電流轉換成等幅電流，解決了這個問題，成為電話的發明人。法院的判決書寫道：

「利斯和貝爾兩人之間的不同是，利斯在中途停下來，所以失敗了。貝爾持續工作，直到取得成果。」

沈默的夥伴鼓勵邁向成功

李托努（R. G. LeTourneau）所受的教育不多，在工程方面的表現卻十分出色。他現身說法，說明發明起重設備的故事，鼓舞了成千上萬的人。他在演說中一再提到「沈默的夥伴」鼓勵並且幫助他追求成功。

李托努承包內華達州胡佛水庫的工程時，遇到堅硬的巨石，工程受阻，施工經費超出預算太多而宣告破產。在最落魄的時候，他並不計較損失，卻轉向祈禱。李托努說：「我找到最大的資產——沈默的夥伴。我還有健康的身體、一雙手及能夠思考的大腦，一切都可以重頭來過。」

李托努成功地設計出能夠移動巨石的起重設備，重獲成功，其後，他時常搭乘私人飛機到各地演講，宣揚「與上帝合夥真好！」的信念。

立即寫下靈感！

當你得到一閃而過的靈感時，你要立即把它記錄下來，也許這就是你正在尋求的「再加一點東西」。我們相信人類與「無窮智慧」的交流是透過潛意識來進行的。你應該養成一個習慣，當靈感從潛意識閃現在意識時，你要立即記下。

愛因斯坦一生致力研究宇宙之間的自然法則。他使用的工具非常簡單：紙和鉛筆，隨時寫下問題、答案和靈感。養成隨時向自己提問題的習慣，並將它寫下，你就會發展心靈的力量。

學習創意的思考。亞力斯・奧斯本（Alex Osborn）所著的《你的創造力》及《運用想像力》，幫助許多人培養創意的思考能力，促成積極、建設性的行動。

奧斯本使用的工具，同樣是筆記本和鉛筆。他像其他有成就的偉人一樣，能花時間在思考、計畫和研究上，靈感出現時，立刻記下來。他說：「每個人都有相同的創造力，大多數的人卻不會運用。」

奧斯本在《運用想像力》中提到的腦力激盪，普遍被運用在大學課堂、工廠、企業辦公室、教堂、社團及家庭之中。腦力激盪的方法非常簡單，只要有兩、三個人，就可以集思廣益，就特定的問題找出對策。與會者想到的任何靈感都立刻記下來，不要批評或反駁，等到會後再逐一評估實際的可行性。

等待靈感

艾默・蓋茲博士曾是美國偉大的教育家、哲學家、心理學家、科學家及發明家，一生中所發明的產品有數百種之多。

拿破崙・希爾（Dr. Elmer Gates）拿著卡內基的介紹信，造訪蓋茲的實驗室，他依約抵達時，蓋茲博士的秘書卻說：「對不起，此刻我不能打擾蓋茲博士。」

「我要等多久才見得到他？」拿破崙・希爾問。

「不知道，可能要三個鐘頭。」

「你可否告訴我，不能打擾他的原因？」

她略為遲疑之後說：「他在等待靈感。」

拿破崙・希爾笑著問：「等待靈感，是什麼意思？」

她也報以微笑說：「我想，讓蓋茲博士自己解釋更好。我真的不知道要等多久，但是歡迎你在這裡等他。如果你要改天再來，我會盡量幫你安排確定的時間。」

拿破崙・希爾決定——等待，這真是明智的抉擇。他描述當時的情形：

蓋茲博士終於走出房間，他的秘書為我引介。看過卡內基的介紹信，他愉快地說：「有沒有興趣看看我等待靈感的地方？」

他帶我到一個有隔音設備的小房間，裡面只有一張桌子和一把椅子。桌上放著一堆紙、幾支鉛筆、一個電燈的開關。

蓋茲博士解釋，遇到問題無法解決時，他會走進房間，把門關上，坐下來，把燈熄掉，開始沈思。他應用「全神貫注」的成功定律，要求潛意識為他的特殊問題提供一個任何的答案。有時毫無靈感，有時卻如泉湧而來，等待的時間可能長達兩個鐘頭。靈感出現時，他會把燈打開，逐一寫下來。

蓋茲博士創造及改良的專利產品超過兩百種，其中包括許多人研究過，卻功虧一簣的東西；他會先仔細研究產品的功能和用途，找出缺點；把產品和資料、圖片帶進房間，專注地思考處理的方法，補上不足的部分，再加上一點。

拿破崙・希爾問蓋茲博士，他所等待的靈感從哪裡來？他說，所有的靈感都來自：

1. 教育、觀察及親身的經驗所得的知識，儲存在潛意識中。
2. 別人所得的知識，以心電感應的方式互相累積。
3. 大腦的潛意識串連宇宙中無盡的知識。

學習哥倫布，不以失敗為恥

在第七章中我們將討論如何「尋找成功的契機」，以便「再加一點」。尋找中，你可能失敗，也可能成功，為什麼？要善於觀察！要思考！要行動！

哥倫布在巴非亞大學讀過天文學、地理、宇宙誌及《馬可波羅遊記》等，對歐洲地區以外的藝術及雕刻非常嚮往。

地球是圓的，馬可波羅向東航行，可以到達亞洲；哥倫布深信，從西班牙向西航行，也一樣能夠抵達。為了證實自己的想法，他積極尋求資金、船隻和船員，出發探索未知，尋求更多。

經過十年的時間，許多有意資助他的人，都在最後關頭拒絕了。一次又一次的挫折並未使他放棄努力，皇天不負苦心人，一四九二年，他終於獲得資助；同年八月，他向西航行，目的地是印度、中國及日本，航線和方向都很正確。

他在加勒比群島登陸，帶著黃金、棉花、鸚鵡、奇珍異寶、珍禽異獸和幾名原住民回到西班牙。他以為到了印度。他錯了，卻得到更大的收穫。

你可能和哥倫布一樣，達不到原本的目標，卻無心插柳，得到更多；鼓舞並引導追隨你的人，向正確的方向前進，找到心目中的寶藏。你也像哥倫布一樣，擁有時間和思考的能力，用積極的態度奮鬥不懈，就能達成目標。

積極探索，運用所學

閱讀至此，你應當能從以上諸多事例中找到成功的原則，請學習、吸收和應用這些原則。如果你一直無法達成目標，再加一點！用心研讀、思考、計畫、尋求，就會找到！

「運用宇宙習慣力量」是成功定律之一。它是指我們所運用的任何自然的或宇宙的規律，這規律有可能是你知道的，有可能是你不知道的。

一九〇五年，愛因斯坦發明相對論：$E = MC^2$。這個公式解釋能量和物質之間的關係。當物質的速度接近光速時，物質會轉變為能量；當能量的速度降到零時，它仍然是物質。E是能量，M是物質，C是速度。

應用這個公式，人們可以把物質轉換為能量，或將能量轉換為物質，將原子的力量應用在建設性的目的，例如，照明、動力，廣泛地運用在日常生活中。不只如此，我們知道物質和能量是同樣的東西，宇宙間所有的事物都是相對的。

有問題嗎？很好！下一章就要將本章所學，應用到你的生活中，然後你就可以成功地面對宇宙的變化規律所產生的問題。

【導航須知】　第五號導航員

1. 再加一點。本章的重要原則，對你而言有何意義？你如何運用？
2. 一項努力失敗，是否因為你缺少什麼——正確的致勝因素？
3. 所有各部分的總和等於一個整體，一個整體大於各部分的任何部分。你尚未成功，是否還缺少了點什麼？
4. 成敗之間往往只差一點。Hip, Hip, Hooray！一副活動的機翼、一個轉了四分之一圈的小螺絲。
5. 你是否與沈默的夥伴合作愉快？

6.用最簡單但是最重要的工具——紙和筆，在靈感出現時立刻記下來。

7.腦力激盪的技巧和「等待靈感」有什麼不同？兩者各有何長處？

8.運用成功的原則——專注。

9.學習哥倫布不以失敗為恥。

10.你是否習慣歸納出基本原則，或只是吸收大量的事實？

第二部

五種引爆成功的心理彈

第六章　有問題嗎？太棒了！

你有問題嗎？很好。克服問題，可以增長智慧與經驗。所以，每遇上一個難題，就要以積極的態度去抓住它、解決它，使你變得更好、更偉大、更成功。想一想，在你一生中，或歷史上任何一個偉人，是否有過任何一次成功，完全沒有經過任何問題或波折？

每個人都會遭遇問題。這是由於宇宙所有的事物都不斷地在改變，而變化是一條無情的自然規律。你是否能夠克服不斷產生的挑戰，取決於你的態度。你可以掌握自己的思想和情緒，選擇積極或消極的心態，影響、運用、掌握，協調內在及外在環境的改變。用積極的態度面對挑戰，你就能明智地解決每一個問題，改寫命運。

如何以積極的態度面對問題？

首先要相信上帝、上天是好的。有效地運用下列的公式，處理問題：

1. 祈求聖神的力量，指引你找出正確的解決方法。
2. 仔細思考。記住，所有的逆境中，都隱藏著等量或更大利益的種子。
3. 說出問題，分析並加以釐清。
4. 熱忱地告訴自己：「有問題，很好！」
5. 問自己：
   ⑴ 這次的問題有什麼意義？
   ⑵ 這次的逆境隱藏著哪些等量或更大利益的種子？我該如何把這次的負債變成更大的資產？
6. 不斷思索這些問題，直到至少找出一個可行的答案為止。

問題大致可以分為三類：個人的問題——情緒、財務、心理、道德、身體，家庭問題及事業問題。

心態轉變，人生亦隨之轉變

查理・華德（Charlie Ward）生長在貧困的家庭。小學時他送報紙、替人擦鞋貼補生計，暑假則到一家阿拉斯加貨運行工作。他十七歲中學畢業離家，搭著火車浪跡全美各地，成為無業遊民。他的朋友都是一些逃兵、走私犯和竊盜犯等所謂的社會邊緣人。他也參加了幫派組織，跟著同伴賭博、偷竊、搶劫，四處鬼混。「我的錯誤是交了壞朋友，我最大的罪惡是與壞人為伍。」查理・華德說。

他時常贏了一大筆錢，很快又輸光了，最後因為走私毒品被捕。他被起訴，並且判刑。但是，查理・華德始終認為自己是無辜的。當時他三十四歲。

入獄服刑之後，他對過去的查理・華德做了一番檢討，避免將來再犯同樣的錯誤。他的態度由消極變得積極，他改變了好鬥的個性，也不再仇恨判他刑的法官。他決定停止敵對行動，要成為表現最好的受刑人。

他先問自己一些問題，從書中找到答案；在獄中他開始閱讀聖經，反覆研讀，尋求鼓勵、指引和協助，一直到七十三歲過世都不曾間斷。

態度轉變之後，他的行為也隨之改變，使獄方樂於協助他。有一天，獄卒告訴他，監獄電廠有一位模範受刑人，將在三個月內假釋出獄。查理・華德對「電」所知不多，他向監獄圖書館借閱有關的書籍，把那些書讀得滾瓜爛熟。

三個月之後，查理胸有成竹地應徵那份工作，因為積極的態度所散發出來的熱切和誠懇的措辭使典獄長大受感動。他如願得到那份工作，成為監獄電廠的管理員。他繼續以積極的態度來進修和工作，逐漸晉陞成為電廠主管，領導一百五十人共同成長，鼓勵大家改進到最佳的程度。

布朗&畢格羅公司總裁赫伯・休許・畢格羅（Herbert Hughes Bigelow）因為逃漏稅被判刑入獄，和查理・華德結為好友。查理鼓勵畢格羅調整自己的態度，順應環境，實際上，查理這樣做，已超出他的工作範圍。畢格羅對他給予的友誼和幫助十分感激。刑滿出獄時，他告訴查理：「你對我太好了。等你出獄之後來找我，我們要請你工作。」

五個星期後，查理獲釋，畢格羅依約給他一份工作。起初僅擔任週薪美金二十五元的作業員，由於查理的努力，在兩個月內升為領班，一年內再升為管理員。最後查理被擢升為公司的副總裁兼總經理，並於畢格羅死後，繼任總裁。在他的領導下，營業額從每年不足三百萬美金，突破五千萬美金，在同業中獨占鰲頭。

查理以積極的態度，幫助不幸的人，自己過得安心快樂，同時受到人們極度的尊敬和推崇。最令人敬佩的是，他雇用五百名獲釋的男女受刑人，在他明確而嚴格的引導和鼓勵之下，他們有了重生的機會。他沒有忘記自己曾經入獄，他的手鍊掛著一個牌子，寫著他在獄中的編號。

查理・華德曾經被判刑入獄。他在獄中體會出以積極的態度解決問題，讓自己愈來愈好。

查理的故事讓人們有所省思。除了態度的轉變，查理說過：「我最大的錯誤是交了壞朋友。」消極的態度會傳染，壞習慣也會傳染。注意你所交往的朋友，記得要慎選好的朋友。

性是另一股能夠載舟亦能覆舟的力量

性能量可以是貞潔或墮落，每個人都必須小心處理性的問題，稍一不慎，將使身心受到極大的傷害。性是生育後代的方法，也是創造的力量。兩情相悅，為愛而結合，在婚姻之中完成生兒育女的任務，如此就不會有性的問題。

你能使性變成一種美德抑或惡行。上帝賜予人類最偉大的禮物，其中之一便是繁衍子孫的能力。因此，性是做為生兒育女的工具出現的。如同所有的力量一樣，性也是一種力量，它亦可被運用於積極或消極的方面。

性是人體的一種自然機能，接受潛意識和有意識的控制，並經由遺傳而得。人類與生俱來的性器官，無疑是上帝的傑作，只是它比上帝的其他創造物更為美妙絕倫。而性的力量之所以會給人類帶來善因抑或惡果，造成如此截然不同的微妙之處，便是心理態度，也就是說，心理態度於此起著決定性的作用。

天生的性情，是接受潛意識控制的極為強大的一種力量，它所產生的影響足可持續整個青春期，且這種力量常與其他感情所激發的強大力量相融合。

當它一旦與有意識的意願相違背，並作用於性情時，此種想像的力量，便充滿了獲得欲。除非有意識使用它的力量去加以影響、控制或與潛意識的力量加以調和。當然，你完全有能力去選擇，用積極的態度做出英明的選擇，進而使性真正變成七種美德之一。儘管期間你會遇到不止一個的問題，但你仍不得不去面對人生，並要更為理智，甚至精益求精。

那麼，這七種美德（virtue）究竟是什麼呢?美德是指卓越、正直、高尚、節儉的道德行為或習慣。具體而言，是指節儉、毅力、自律、正義感、信仰、期望和博愛這七種美德。

1.節儉（prudence），是通過此種練習來訓練和管理自己的能力。

2.毅力（fortitude），是使一個人依靠勇氣去面對危險或疼痛與厄運的思想後盾，是人們面對不快或驚懼情況，或忍受痛苦壓力時不可缺少的精神要素。當然，它也預示著成功就在眼前。它的同義詞是堅毅（grit）、勇氣（backbone）、意志（pluck）、膽量（guts）。

3.自律（temperance），是指在食欲及情欲的沉溺中慣於節制。

4.正義感（justice），是指待人接物的原則與信條或正確行為，並遵照這些原則或信條，表現出正直與誠實。

5.信仰（faith），對上帝無比的虔誠。

6.期望（hope），是指對內心深處久已期待的事情寄予厚望，並且相信它們終必能夠實現。

7.博愛（charity），指愛人如愛己的行為，因為世人同是上帝之子，更強調與人親善仁慈，並散播愛與關懷，寬容他人。

究竟如何才能使性變得更為美好呢？當你閱讀學習此書，並盡力探究時，你就會得到一個清晰明確的答案。當你在自己的生活中吸收並運用這些原則時，你就會造就非凡。但是，一個人只有靠自己才能贏得知識，相信當你細讀此書時，下面的成功定律對你會有所裨益：

1.將思想專注於你想要得到的事物，而非你不想的事物，也就是說要設定遠期、中期、近期目標。如果一個人要履行一生的使命，其潛意識的性本能是有自控性的，真正相愛並欲成為終生伴侶的戀人們不應該產生性的困擾，否則會深陷困惑。

2.早婚會避免更多的性煩惱，生兒育女的使命是由婚姻完成的。然而由愛而結合的超過於性的需要。

3.過一種平穩而安定的生活。

4.為性愛而長時間消磨體力會占據你全部的思想，使你整日處於應接不暇的狀態，從而耗盡精力。

5.設定偉大的構想，研究第十五章中的哲理。

6.將第二章「改變你的世界」和第七章「尋找成功的契機」的觀念融入你的生活中。

7.朝著你設定的目標，選擇最能開發自身價值的環境。

8.針對所確認的對自己有所幫助的設想要進行自我激勵，始終如一，並使它們成為你生命中的一部分，這樣無論何時需要自勵，它們都會以一種自發的形式在你的腦海中經由潛意識的閃現而變成有意識的思想。

然而，一個人一生中所遇到的問題並非都是那麼棘手和令人困擾。往往許多時候，當人們突然面臨一些問題時，很自然地會做出快速反應並表現出較強的適應能力，進而再度審視產生問題的環境。這時，人們常常會迸發出一個念頭——失敗是成功之母，緊接著便是付諸行動。

遭遇問題時，先思考問題本身，再探索導致問題的情境，如此，就能想出解決的辦法，付諸行動，往往能反敗為勝。

清楚自己想要的是什麼

一九三九年，芝加哥北密西根大道的辦公大樓乏人問津，能租出一半已屬幸運。那年芝加哥房地產業十分不景氣，經常聽到這樣的話：「廣告有什麼用？大家都買不起。」或是「時不我予。」在一片蕭條聲中，有一位房地產經理抱著積極的態度進入了不景氣的地區，將積極的想法付諸行動。那位經理接受委託，負責北密西根大道一棟大樓的推案工作。推案當時，大樓住進率只有十%，一年後已全部承租完畢，還有許多人向隅。成功的秘訣何在？

這位經理說：

「我非常清楚自己要的是什麼，我要把這棟大樓全部承租出去。我知道，以現有的條件，大概要七年後才能全部租出去。我認為採取下列措施，有百利而無一害：

1. 尋求有意願的承租人。
2. 讓每一位承租人都能擁有芝加哥市區最豪華的辦公室。
3. 這些豪華辦公室的租金，不會高於他們目前承租的大樓。
4. 此外，客戶以同樣的租金承租我們的辦公大樓一年，我負責支付他們目前承租的辦公室租金，直到約滿為止。

5.除此之外，由我聘請一流的建築師和室內設計師，依照每一位新承租人的需求和品味重新裝潢，並負擔全部的費用。

我的理由是：

1.如果辦公室在數年內無人承租，我們將毫無收入。因此，照我的方式，第一年雖然沒有利潤，結果相差無幾；採用這種方式，若使承租人感到滿意，將來就能產生可觀的租金收入。

2.此外，依照慣例，承租辦公室的租約大多為期一年。承租人的舊租約期限，通常只剩幾個月，並沒有太大的風險。

3.若承租人在一年後約滿遷移，此時辦公大樓已設備齊全，很容易再承租出去。辦公室所做的裝潢，可以提高整棟大樓的價值感，不會白費。」

結果市場的反應非常好，每一個全新裝潢的辦公室，都非常豪華氣派。承租人滿意極了，甚至自願分攤裝潢的費用。

到了年底，原本只有十%承租率的辦公大樓全數客滿。所有的承租人都不願意遷離美輪美奐的新辦公室。為了回報承租戶，第一年約滿時，均照原租金續約，並未調漲。

請你回想這個故事。那位經理負責推案的辦公大樓，在一年內，從承租率只有十%

到完全客滿；同樣的地段，仍然有數十棟大樓乏人問津。差別在於經理人員的態度。大家都說：「有問題，糟了！」而他卻說：「有問題，好極了！」

從問題中找出成功的機會，找出可行的辦法，並付諸行動，就能反敗為勝。

掌握時代脈動，創造財富

多年前，芝加哥美國銀行信託公司副總裁保羅・雷曼（Paul Raymond），為銀行的客戶提供一項服務。他寄給每一位客戶迪威及大金（Dewey and Dakin）合著的《循環》（Cycles）一書，讓他們瞭解企業循環的理論，很多人因此賺了大錢，掌握經濟的脈動，在景氣變動時，不但沒有損失，反而創造財富。循環研究基金會董事長愛德華・迪威指出，每一個有機體，不論是個人、企業或國家，都歷經成長、穩定、衰退及死亡等階段。不論處於何種階段，都要勇於面對改變，不管外在的趨勢如何，以新生活、新血輪、新觀念和新做法因應，你都可以設法扭轉乾坤，有一番做為。

有時生命週期只發生在企業本身，並不影響整個產業。杜邦公司在美國企業界中異軍突起，成長驚人，不因生命週期自然衰退，原因在於主管人員都有積極的態度，不斷研究、開發新產品，並改良現有的產品。在管理階層中注入新血，研究並改善行銷方法，以新的觀念和做法面對挑戰，並決心戰勝所遇到的問題。

小企業經營者，甚至個人，都可以運用同樣的原則，不斷激發新的觀念和方法，讓衰退的周期成為另一階段的開始。你能把下降的趨勢改變為上昇的趨勢。當別人隨波逐流，你正要力爭上游！

下一章教你如何從挫折和逆境中，找出相等或更大利益的種子。

【導航須知】 第六號導航員

1. 有問題嗎?很好!為什麼?遇到困難時，用積極的態度處理，你就會變得更好、更成功。
2. 每個人都有問題，積極的人從挫折中找到等量或更大利益的種子。
3. 面對外在環境變遷而遭遇困難與挑戰時，成功或失敗，取決於你的態度。
4. 組織、計畫、整合及應用本書中的原則，你可以引導你的思想、掌握你的情緒、開創你的命運。
5. 上帝永遠是良善的上帝。
6. 遇到問題時：⑴祈求聖神的力量指引；⑵思考；⑶陳述問題；⑷分析問題；⑸採取積極的態度，說：「那真好」；⑹把挫折變成更大的契機。

7.查理‧華德是成功地面對挑戰的絕佳實例。培養積極的態度，準備面對改變所造成的挑戰。

8.性是最大的挑戰，將性的衝動轉變為貞潔的美德。

9.七種美德是：節儉、毅力、自律、正義感、信仰、期望、博愛，用積極的態度讓這七種美德融入你的生活中。

10.一個好的想法（觀念）再緊跟著一個行動，可以反敗為勝。

有問題嗎？好極了。對積極的人而言，問題是更好的機會，更大利益的種子。

第七章　仔細觀察尋找成功的契機

喬治・坎貝爾（George Campbell）出生時雙眼全盲。醫生判斷是「先天性白內障」。

喬治的父親看著醫生，「能不能想想辦法？手術有用嗎？」

「沒有辦法，」醫生說，「目前還找不到治療的方式。」

喬治・坎貝爾看不見，但是，父母的愛和信心，使他的童年生活多采多姿，完全沒有意識到自己的殘障。

六歲時，喬治遇到一件無法瞭解的事情。一天下午，和他一起玩的同伴忘了喬治看不見，向他丟過一個球，並且說：「小心，球要打到你了！」

喬治被球擊中了。他沒有受傷，卻十分不解。他問母親：「為什麼比爾知道球會打到我，我自己卻不知道？」

母親嘆了一口氣，她擔憂的時刻終於到來。她說：「我可能說不清楚，或許你聽不懂。這麼說吧！」她握住兒子的小手，數他的手指頭。

「一、二、三、四、五。五根手指頭像人的五種感官，聽覺、觸覺、嗅覺、味覺，」她猶豫了一會兒才說，「還有視覺。這五種感官，每一種都能將訊息傳達到你的大腦。」

她把代表「視覺」的手指頭彎起來，按住，使它處在治的手心裡。「喬治，你和別人不同。你只有四種感覺，聽覺、觸覺、嗅覺、味覺，但是沒有視覺。現在請站起來。」她輕聲地說。

喬治站了起來。他的母親把球舉起來。「準備接球。」他感覺球碰到手指，便合攏雙手，把球接住。

「太好了，」母親說，「永遠都不要忘了你剛剛做的事情。你只用四根手指，而不用五根手指，也能接到球。喬治，只用四種感官，代替五種感官，也能追求並且擁有充實、幸福的人生，只要不斷努力。」

喬治永遠都不會忘記「只用四根手指代替五根手指」的信條。那是他希望的象徵。當他因為視覺的殘障受到挫折時，就會以此自勉。這成了他自我暗示的一種形式，在需要時，它會從潛意識閃現到有意識。他覺得母親說的對，他可以用四種感官，追求並且擁有充實、幸福的人生。

喬治的故事到此並未結束。

高中時喬治的父親得知有一種新的方法，可以治療先天性白內障，當然，也可能失敗。喬治不怕失敗，在六個月內，他的雙眼各接受兩次顯微手術；他躺在病床上，兩眼纏著繃帶，什麼也看不見。

拆繃帶的日子終於到來。醫生小心地把纏在喬治頭下的繃帶慢慢拆下來，他只看到模糊的光影。

「看得到嗎？」醫生問。

喬治抬起頭來。模糊的光影變成彩色，再變成一個人影。

「喬治！」有一個聲音在叫他。他聽出那是母親的聲音。

十八年來，喬治・坎貝爾第一次看到自己的母親。疲憊的雙眼、六十二歲高齡，佈滿皺紋的臉龐、長滿厚繭的雙手。喬治覺得她是世界上最美的人，她是天使。

觀察是一種學習的過程

喬治還得到一個非常重要的啟示。他忘不了那天在病房裡第一次看到母親，他不知道那是誰——或是什麼，一直到聽出她的聲音。他說：「我們看到的一切，都必須經由大腦詮釋。我們要訓練大腦詮釋所見所聞。」

很多人終其一生看不到周遭的力量和榮耀，只看到形體，卻不瞭解真正的意義。心理的視覺不良，會讓你得到錯誤的觀念，使自己和別人受到無謂的傷害。

最常見的兩種極端是短視近利和好高鶩遠。短視的人只在意手邊的問題，看不見未來的發展，缺乏長遠的目標，不願意思考及規劃未來；好高鶩遠的人則只看到未來的虛幻世界，而忽視眼前的機會，不肯腳踏實地，妄想一步登天。

有遠見，也能務實現在的人，佔有莫大的優勢。蒙大拿州的小鎮達比有一座水晶山。裸露的山壁上有一道看起來像岩鹽，結晶體微微發光的脈礦，因而得名。一九三七年，載貨的鐵道鋪設完成，列車穿過裸露的脈礦，十四年過去，從來沒有人停下來，撿起一塊發亮的礦石仔細觀察。

一九五一年，達比鎮的克利和湯普森，在鎮上的礦物展中，看到用於原子能研究的鈹。兩個人立刻爬上水晶山，採樣之後寄到礦物局，並要求該局派員實地勘察「大量的礦藏」。今日，重型挖土機每天忙於開採珍貴的鈹礦，美國鋼鐵公司及美國政府都捧著現金，迫不及待地等著收購。那兩個年輕人不僅用眼睛看到，也用心去思考。

找出問題，主動解決

唾手可得的財富就在你的門口。日常生活中，是否有些許的不便？或許你可以想出一種方法，解決自己的問題，同時也解決許多人的問題。很多人因此而致富，自動髮夾和迴紋針、拉鍊的發明，都是最好的實例。看看你的周遭，要學會觀察！你可能在後院找到鑽石。

短視的人只看得到眼前，忙於應付眼前的問題，不懂得花時間思考和計畫的價值。預見未來是人類大腦最了不起的功能。佛羅里達州的柑橘產地有一個小鎮，四週都是農田，與世隔絕，沒有沙灘、山林或綿延的山丘，沒有任何觀光資源，只有幾處小湖，村莊裡是種滿濃密的絲柏樹的沼澤地。迪克•派波來到這個地區，他用別人本曾使用過的眼光看待這些長著絲柏樹的沼澤地。派波並買下部分的沼澤地，創辦「絲柏花園」。他在附近開了一家攝影器材行，出售底片，同時告訴旅客在「絲柏花園」可以拍出美麗的風景照片。他雇用一流的滑水好手，在湖上做花式表演，並透過麥克風，教大家如何架設照相機及取景，才能拍到生動的鏡頭。當然，遊客回家之後，最得意的攝影作品都是絲柏花園，口碑加上照片，幫迪克•派波做了最好的宣傳。

我們都應該培養這種創意的眼光。看到眼前的機會，同時看到未來的發展性。觀察是一種可以學會的技術，但它也像任何一種技術一樣，必須勤加練習才有成效。

慧眼識英雄

每一個偉人都不是生來就成功。愛迪生就曾經是老師眼中愚不可及、無可救藥的問題學生。

小愛迪生喜歡塗鴉、東張西望、聽別人說話；他經常提出「不可能」的問題，卻從來不肯說出自己的想法，即使以處罰做為威脅也沒有用。同學叫他「傻瓜」，在班上的成績總是墊後。

愛迪生只在小學唸了三個月。老師告訴督學，說他太笨了，不如休學回家。愛迪生聽到，回家告訴母親，母親帶著他氣得衝到學校，大聲地告訴所有的人，她的兒子——湯瑪士・愛迪生，比老師或督學更有頭腦。

「我的母親從來不會誤解我，或是批評我，她總是和藹可親。」母親對愛迪生有信心，使他在內心重新省思自我，用積極的態度求知和學習，對事物的看法更深入，在他的一生中，才能有許多造福人類的發明。

人常有一種傾向：只看到想要看到的東西。你要特別注意，以便把你從本書所學到的原則與你的實際生活聯繫起來，並且加以吸收，成為你生活的一部分。

運用思考的力量

杜邦公司的化學專家羅伊・普蘭克特（Roy Plunkett）做了一項實驗。他失敗了。實驗結束之後，打開試管，裡面卻一無所有。他感到不解，秤出試管的重量，卻意外地發現重量增加了。他問自己：「為什麼呢？」他不像一般人遇到類似的情況，只是把試管扔掉。

他找出答案，發現了奇妙的透明塑膠，也就是一般所稱的鐵弗龍。曾有一段時期，美國政府包銷了杜邦公司的全部產量。

遇到無法理解的事情時，問自己：「為什麼？」仔細想一想、密切的觀察，你可能會有偉大的發現。

一位年輕英國人到祖母的農場度假。他倚著一棵蘋果樹，任自己的思緒漫遊。一顆蘋果掉到地上。

「蘋果為什麼會掉到地上？」他問自己，「是地面吸引蘋果，還是蘋果吸引地面？萬物相互吸引？其中是否存在某種定律？」

牛頓運用思考的力量找出答案——蘋果和地面互相吸引，進而發現萬有引力。

牛頓是向自己提問，另一個人卻向專家徵詢，但他們都成功了。

借力使力，獲得成功

一八六九年，日本鳥羽市一位十一歲的少年御木本小吉繼承父親的製麵事業。他的父親病重無法工作，少年獨力維持家計，養活六個弟弟、三個妹妹及雙親。他不但製麵，還要負責賣麵。

二十歲時他愛上一個武士的女兒，他深知女孩的父親不願意讓女兒嫁給製麵工人。於是，他改行從事珍珠買賣，並不斷追求新的專業知識。他像近代的偉大工業家一樣，向大家尋求知識。

水倉芳吉教授告訴他一項未經證實的理論：「珍珠的形成，是異物進入珍珠貝時，例如砂粒，珍珠貝會分泌珍珠的成份，將異物包裹起來，形成珍珠。」

御木本聽了熱血沸騰。他問自己：「如果我將異物植入珍珠貝體內，就會有人工飼養的珍珠產生了。」實驗成功，他的人工養珠，使他成為日本知名的大企業家。

御木本根據從教授那兒得來的知識進行觀察，然後應用想像力做創造性的思考，他成功了。從他的故事，我們得到一個啟示：知識不能使你成功，應用知識才能成功。

另外一個與珍珠有關的故事，是一個年輕的美國人約瑟夫•高登史東。他在愛荷華州的農村挨家挨戶推銷珠寶。

有一天，他得知日本生產美麗的人工養珠，品質良好，價格比天然珍珠低很多。約瑟夫「看到」大好的機會。雖然時值經濟大恐慌，他和妻子艾莎卻變賣所有的家當飛往東京。抵達東京時，身上只有不到一千美元，但他們有一個周密的計畫和積極的態度。

他們見到日本珍珠販售協會的主席北村，提出在美國銷售日本養珠的計畫，要求北村提供首批價值十萬美元的寄賣品。這是一個大數目，尤其在不景氣時。但是，七天後，北村答應了。

那批養珠銷售一空，高登史東前途看好。幾年之後，他們決定經由北村的協助，設立自己的養珠場。他再度「看到」別人視而不見的機會。

起初，植入異物的珍珠貝死亡率超過五十%。「如何減低這麼大的耗損？」他們問自己。經過多次研究，他們先將珍珠貝的外殼刷洗乾淨，降低感染的機率。使用少量的麻醉劑，以消毒乾淨的手術刀切割，並植入一小顆圓珠；完成之後，再將珍珠貝放進籠內，放回海底。每隔四個月，收起籠子檢查珍珠貝生長的情形。經過這些處理，九十%的珍珠貝存活，並且產生珍珠，使高登史東賺進鉅額的財富。

學會觀察，看出機會，帶來意想不到的成功。積極的態度使你在更多的事情上取得成就。但是，更重要的是，運用所學，付諸行動，才會成功。

【導航須知】　第七號導航員

1. 觀察是一種學習的過程，其中九十%由大腦完成。
2. 「用四根手指取代五根手指」是喬治•坎貝爾得以掌握自己命運的信條。他只用四種感官，追求並且擁有幸福充實的人生。你如何運用這個信條？
3. 「看」需要加以連結。喬治•坎貝爾第一次見到母親，認出她的聲音之後，他所看到的影像才開始有意義。

4.你是否該檢查心靈的視覺？視覺受損時，很容易受到錯誤的觀念所蒙蔽，對自己和別人造成無謂的傷害。你心靈的視覺是否愈來愈清晰？

5.仔細看看——看清楚你所見的東西。或許你家裡就可以找到鑽石。

6.不要短視——看看未來。迪克‧派波為絲柏花園確立了未來清楚的目標，使他的夢想成真。

7.「看到」別人的能力、才華及觀點。你可能忽視一個天才。愛迪生就是一個好例子。

8.你知道如何將本書中的原則融入生活之中？

9.向大自然學習。像牛頓一樣，問自己一些問題。如果你不知道答案，請教專家。

10.用行動把你看到的變成事實。日本少年御木本把一個養珠的理論變成財富。高登史東運用外科手術的原理，減少珍珠貝的死亡率，提高養殖的收益。

打開你的心，學會「觀察」。

第八章　立即行動

成功的秘訣——立即行動。

在本章你將會發現成功的秘訣，也將得到一句極為有用的自我激勵的座右銘。這座右銘將自動促使你行動，去做你想要做的事。

如果你勉強做自己不想做的事情，或無法做自己想做的事情，本章也會幫助你。

詹姆士・凱勒（James Keller）神父在一九四五年發起克里斯多福協會，沒有章程，不需要聚會；會員「只做事，不繳會費」，不像別人「只繳費，不做事」。每一個克里斯多福協會的會員，不論是在市場、路上或家中，隨時隨地都在傳教，把福音傳給別人。

加州中日學院玻密斯特（Bauermeister）說：「我們所讀的書籍和理論，大多只是增加字彙，並沒有成為生活的一部分。」

如何讓成功的秘訣變成生活的一部分？習慣。藉著重複養成習慣。「以行動播種，收穫的是習慣；以習慣播種，收穫的是個性；以個性播種，收穫的是命運。」偉大的哲學家威廉・詹姆士如是說。習慣造就現在的你，你可以選擇習慣。

成功的秘訣就是行動，立即行動！

想做的事情，立刻去做！當「立即行動」從潛意識中浮現，立刻付諸行動。平時就要養成一個良好的習慣——從小的事情開始，立即行動！養成習慣後，機會一旦出現，你就能立即行動。

你一直想打電話給某一個人，卻一拖再拖，當「立即行動」從潛意識中浮現出來，立刻打電話。再舉個例子，你將鬧鐘設定在六時，但當鬧鐘鈴響時，你還想睡，很可能起身關掉鬧鐘繼續睡。久而久之，你就會養成賴床的習慣，但如果你心中浮現「立即行動」的警語，並聽從它，你會立即起床。

威爾斯（H. G. Wells）是多產的作家，他從來不讓任何一個靈感溜走。他的方法是即刻寫下來。即使在半夜，他也會打開電燈，拿起放在床頭的紙和筆記下靈感，然後再蒙頭睡覺。

很多人有拖延的習慣，可能因此趕不上火車、上班遲到，甚至錯失重要的機會。

第二次世界大戰時，肯尼斯・艾溫・哈門（Kenneth Erwin Harmon）在日軍登陸馬尼拉時被俘，隨後被送往一處集中營。肯尼斯看到室友的枕頭下有一本《思考致富聖經》。

「可以借我看嗎？」那本書給肯尼斯極大的鼓舞和啟示。他渴望擁有那本書，但是書的主人卻不願割愛。

「借我抄！」他說。

室友爽快地答應了。

肯尼斯應用成功的秘訣，立刻去做。他開始逐字逐頁謄錄，由於書隨時會被索回，他便日以繼夜地抄錄。

抄完最後一頁，僅僅一個小時之後，他的室友被帶到另外一處集中營。被俘的三年期間，肯尼斯一直帶著那份手稿，一讀再讀；那是他的精神糧食，鼓舞他，給他勇氣計畫未來，使他的身心得以安頓。他說：「成功必須持續行動，否則就會長翅膀飛走。」

哥本哈根大學的一名學生喬根‧裘大（Jorgen Juhldahl），有一次到美國旅遊。他先到華盛頓，下榻威勒飯店，住宿費有人已經預付，這使他高興極了。上衣的口袋放著到芝加哥的機票，褲袋裡的錢包放著護照和現金。準備就寢時，他發現皮包不翼而飛，立刻下樓告訴旅館的櫃台。

「我們會盡力尋找。」經理說。

第二天早上，錢包仍然不見蹤影，他的衣袋裡，只有不到二元的零錢。他隻身在異鄉，手足無措。打電話向芝加哥的朋友求援？到丹麥使館報告遺失護照？枯坐在警察局等待消息？

突然，他告訴自己：「我要看看華盛頓。我可能沒有機會再來，今天非常寶貴。畢竟，我還有今天晚上到芝加哥的機票，還有很多時間處理錢和護照的問題。如果我現在不暢遊華盛頓，將來就沒有機會了。我可以走路。

現在是愉快的時刻。我還是我，和昨天丟掉錢包之前並沒有兩樣。我的心情豁然開朗。來到美國，我應該快樂，享受大都市的一天。我不要把時間浪費在丟掉錢包的不愉快中。」

他開始徒步旅遊，參觀白宮和博物館，爬上華盛頓紀念碑。很多想看的地方，他沒有看到，但所到之處，都盡情暢遊一番。他買一些花生和糖果在路上吃，免得太餓。

回到丹麥之後，美國之行最難忘的回憶，是徒步暢遊華盛頓。他知道「把握現在」最重要。他懂得：必須在「現在」變化之前，先把它抓住，以免空餘恨。他不會有：「昨天我本來可以……」的感慨。五天之後，華盛頓警局找到他的皮包和護照，寄回給他。

有了想法要立即行動

靈感第一次出現時，可能像是天方夜譚，需要勇氣跨出第一步。毫無疑問的，一個未經試驗的想法要付諸行動是需要一定勇氣的，然而正是這種勇氣往往產生了偉大的成果。

露斯和她的妹妹艾蓮娜是紐約皮草大王貝屈的女兒。

「我的父親是一個懷才不遇的畫家，他有天份，但為了家計，無法全力發揮。起初他自己蒐藏畫作。後來，他開始為艾蓮娜和我買畫。」

姐妹倆培養出鑑賞精緻藝術的專業知識和品味，朋友在購買畫作之前，都會徵詢她們的意見。她們也時常短期借出自己蒐藏的畫作。

一天艾蓮娜和露絲在凌晨三點醒來。「不要吵！我有一個絕佳的想法。我們要開一家租畫公司！」露絲同意。這真是絕妙的主意，她們立刻著手規劃。朋友警告她們，價值不菲的名畫可能遺失，有保險的問題，但她們都不為所動。用美金三百元的資金創業，地點是父親皮草店的地下室，租金全免。他們不顧父親憂慮而反對的眼光，從珍藏的畫作中挑出一千八百幅，裝在畫框中，展開了租畫業務。

第一年慘淡經營，第二年之後，她們的生意愈來愈好，有五百幅畫作持續租給公司行號、醫生、律師及居家裝飾。

有一位麻州監獄的受刑人寫信給她們，措辭很客氣，想要租畫。露絲和艾蓮娜寄出畫作，租金免費，只要求對方付運費。不久，她們接到獄方的來信，他們用那幾幅畫安排一次藝術欣賞課程，嘉惠數百名受刑人。

露絲和艾蓮娜憑著一個靈感創業，她們用立即的行動實踐自己的想法，不但創造利潤，同時為許多人帶來快樂。

如何讓你的收入加倍？

克萊門・史東（W. Clement）到亞太地區出差。一個星期二，史東應澳洲墨爾本商會的邀請發表演說。星期四晚上，他接到一通電話。那是一家銷售金屬櫃的公司經理愛德溫・伊斯特（Edwin East）。他興奮地說：「發生一件奇妙的事情！」

「什麼事？」

「你在星期二的演講當中，推薦十本勵志書籍，其中包括《思考致富聖經》。那天晚上我讀了幾個小時，第二天早上我又繼續閱讀。我在一張紙上寫著：『我的主要目標是，今年的業績比去年加倍。』奇妙的事情是，我在四十八小時內做到了。」

「你怎麼做到的？」

伊斯特回答：「你的勵志演講中提到保險公司業務員亞爾・艾倫的故事。你說，立即行動！我找出十個已經被放棄的客戶，分別提出更好的計畫書。覆誦數次『立即行動』。用積極的態度再度拜訪這十位客戶，結果，做成八筆大生意！」

伊斯特聽過亞爾的故事之後，立刻身體力行。如果你還不知道該如何運用積極的態度，我們提醒你——立即行動！

立即行動，可以實現你最荒謬的夢想！

曼利・史威茲（Manley Sweazey）喜歡打獵和釣魚。他最大的快樂是帶著釣竿和來福槍深入叢林，幾天之後才帶著一身的疲憊和泥濘，心滿意足地回家。

他唯一的困擾是，這項嗜好佔去太多的時間。有一天，他依依不捨地離開紮營的湖邊，回到現實的保險業務工作時，突然有一個一般人認為很不實際的想法。荒野之中，也有人需要購買保險。

如此，他外出狩獵時，也一樣可以工作！果然，阿拉斯加鐵路公司的員工正是如此；散居在鐵路沿線的獵人、礦工也都是他的潛在客戶。

他立刻做好計畫，並請教旅行社，然後就開始打包行李。他不斷執行所有的準備工作，以免「疑惑」襲上心頭來恐嚇他，要他認為這想法不切實際，會失敗，並立即搭船前往阿拉斯加。他沿著鐵路來回無數次，「步行的曼利」是那些與世隔絕的人們對他的暱稱。

他受到熱切的歡迎，他不但是唯一和戶外人員直接接觸的保險業務員，更是戶外世界的象徵。除此之外，他還免費教人們理髮和烹飪，經常受邀成為座上賓，享受佳餚。

他在短短一年內，業績突破百萬美元，同時享受登山、打獵、釣魚的無上樂趣，把工作和生活做了最完美的結合！

如果他在夢想產生時，沒有立即行動，可能因為一再猶豫，無疾而終。

記住，立即行動！

立即行動！可以應用在人生每一個階段的各個方面。幫助你做自己應該做、卻不想做的事情；對不愉快的工作不再施延；像曼利一樣，抓住稍縱即逝的寶貴時機，實現夢想。

想要打電話給一個久未聯絡的朋友嗎？立即行動！

給自己一封信。坐下來寫一封信給你自己，說一說你想做的事情和計畫。立即行動！

不論你現在如何，以積極的態度去行動，你都能達到理想的境地。

立即行動！是一句重要的話，更是瞭解及應用下一章「激勵自己」的重要步驟。

【導航須知】 第八號導航員

1. 讓人們只做事不繳錢，比只繳錢不做事好。
2. 「我們看過的書，往往只增加知識，卻無法身體力行。」想想這句話。你知道如何才能達成目標，但是否身體力行？

3.「以行動播種，收穫的是習慣；以習慣播種，收穫的是個性；以個性播種，收穫的是命運。」你希望養成哪些好的思想或行為的習慣？你想要革除哪些不良的習慣？

4.成功的秘訣是：立即行動！

5.只要「立即行動！」這句話浮現出來，便立刻採取行動，這種習慣能使你成就非凡。

6.學習如何達成正當的目標，並不是負擔。學習本書中的原則和觀念——不只是閱讀文字而已。

7.現在正是行動的時機。

立即行動！

第九章　激勵自己

何謂激勵？

激勵就是鼓舞人們做出抉擇或帶出行動。激勵提供動機，而動機又是個人的「內在驅動」，能激勵人行動。能夠激勵你的方法，也同樣能夠激勵別人；相對的，能夠激勵別人的原則，也同樣可以激勵你。本書實際上就是一本討論激勵的書。我們引述別人成功和失敗的經驗，目的是激勵你自己付諸行動。

養成以積極的態度激勵自己的習慣，你就可以引導自己的思想、掌握自己的情緒、改寫自己的命運。

一位成功的化妝品製造商，六十五歲退休之後，朋友每年都為他開慶生會，趁機請他透露成功的秘方，他都婉拒了。在他七十五歲的慶生會上，朋友又半開玩笑地再度要求他透露秘方。

「你們這麼好奇，我就告訴你們吧！」他說，「我是加了獨門秘方。」

「什麼秘方？」

「我從來沒有說過我的化妝品可以讓女人更美麗，但是我給她們美好的希望。」

他的獨門秘方是希望！

希望就是一個人懷著欲望，相信自己可以得到想要的東西，做想做的事情。換句話說，一個人對自己的希望能夠做出有意識的反應，每一個行動都是一個動機的結果。

「希望」促使化妝品大亨經營成功的事業，「希望」促使女人購買他的化妝品，「希望」也同樣能夠激勵你。

動機激勵人們採取行動

促使人們採取行動的動機共有十個。你所有的思想和行動，都源於某種基本的動機，包括：自保、愛、恐懼、性、永生、身心的自由、憤怒、恨、表現欲的滿足、物質的需求。

負面的情緒、思想和態度，在原始的社會和環境中，可以保護個人。到了文明、法治的社會，人們可以用理智解決問題，就不再需要負面的情緒。例如，正義感使人想要保護受到強權欺凌的弱者。你可以路見不平，但不必拔刀殺了惡人，那是警察的事情。

恐懼的情緒好嗎？對於新的經驗或環境感到恐懼，可以避免受到傷害。態度積極的人，發現恐懼於事無補時，就會用更理智的方式因應。

人類是唯一無需外力，能夠自發地控制情緒的動物。改變情緒反應的習慣，用理性和行動控制情緒，雖然你的理性不一定能立即改變你的情緒，但情緒卻能立即被行動所影響。克服無謂的恐懼及其他負面的情緒，激勵自己採取行動，用積極的情緒代替恐懼，要做到這一點，一個簡單有效的方式，就是使用「自我暗示」法說出一句話，能表達你想成為的人。

自我暗示，用一句話促使自己有所行動

如果你害怕，需要勇氣，可以用「勇敢」做自我暗示，並且快速重複幾次，接著是行動。要成為勇敢的人就要勇敢地行動。

應用自我暗示控制行動和情緒時，一定要記住：讓你的思想集中到你所應當做和想要做的事情上。

美國偉大政治人物班傑明・富蘭克林（Benjamin Franklin）給自己列出十三項美德，透過自我暗示的方式來培養，終於成為一代偉人。

1. 節制：食不過飽，酒不過飲。

2.沈默：只說有益自己和他人的話，不道人長短。
3.秩序：所有的事物都井然有序，生活規律。
4.決心：當做必做，堅忍不拔。
5.儉樸：用錢必須於人於己有益，杜絕浪費。
6.勤勞：愛惜光陰，避免不必要行動。
7.真誠：言行純正，絕不欺騙。
8.公正：絕不損人利己。
9.中庸：避免極端。
10.清潔：身體、服飾和住處力求清潔。
11.平靜：勿因小事或無可避免的事驚惶失措。
12.貞節：切忌房事過度傷身。
13.謙虛：仿效耶穌和蘇格拉底。

他用一本小冊子記錄自己的進度，每天反省。

1.用一整個星期的時間，專注於一項美德，隨時隨地應用。
2.第二個星期再專注另外一項美德。此時，第一項美德已經進入你的潛意識之中。
3.依此類推，全部完成之後，再重頭開始。一年之後，你已經完成四次循環。
4.養成一項美德之後，再進行另外一項。

以上是富蘭克林的方法。

如果你想要改造自己，不知從何著手，可以參考富蘭克林的十三項美德，也可以參照第二章的十七條成功定律。

尋找適合自己的工作

亞弗瑞德‧富樂（Alfred C. Fuller）是「富勒毛刷」的創始人。他生於貧窮的農村，很難找到工作。他在兩年內失去三個工作之後，開始賣毛刷。這時，他才知道前面那三個工作都不適合他，他不喜歡那些工作。從此，富勒的人生有了重大的改變。

富蘭克林養成十三項美德的實行表

節制：食不過飽，酒不過飲							
	星期日	星期一	星期二	星期三	星期四	星期五	星期六
1 節制							
2 沈默	*	*				*	
3 秩序	**	*	*		*	*	*
4 決心			*				*
5 儉樸			*				
6 勤勞			*				
7 真誠							
8 公正							
9 中庸							
10 清潔							
11 平靜							
12 貞節							
13 謙虛							

他適合當推銷員。他知道自己將是出色的推銷員，一心想在這個行業出人頭地。他的表現好極了。接著他決心更上一層樓：創業。

富勒辭去推銷員的工作。晚上自己做毛刷，白天拿去賣。營業額逐漸增加，他以月租美金十二元租了一個舊倉庫。雇了一名助理製作毛刷，自己負責銷售，其後更不斷擴大，成立富勒毛刷公司，擁有數千名推銷員，年收入數百萬元。

信心使墜機人員大海獲救

載著愛德華・雷肯貝克（Edward Rickenbacker）機長和機員的飛機墜落在太平洋上，他們乘著救生艇漂浮，觸目所及，只有無盡的藍天和大海。三艘救生艇緊緊地繫在一起，機員們忍受酷熱的太陽，飢渴難當，只能不斷地低頭默禱。

愛德華機長在書中寫道：「我們不能失去獲救的信心。有些同伴開始感到灰心，但我從未懷疑，我們一定能夠獲救。我不斷地鼓勵同伴支持下去。」

愛德華和機員在海上遇難獲救，成為信心與正義的象徵。許多見過他、聽過他演講或看過他的書的人們，都受到莫大的鼓舞。

最後，我們再重複一次，自保、情緒、愛、恐懼、性、求生的欲望、永生的欲望、身心的自由、憤怒、恨、物質財富的慾望，這些都是用來激勵自己的基本要素。下一章我們將繼續探討如何運用這些要素去激勵他人。

【導航須知】 第九號導航員

1. 激勵能夠促成行動及決心，產生特定的結果。
2. 用積極的態度去激勵自己。記住，只要有積極的態度、意志堅定，就沒有做不到的事情。由不可能中找出可能。
3. 希望是激勵自己和別人的神奇要素。
4. 負面的情緒、思想及態度在某些情境下也有正面的作用。
5. 激勵的基本動機是：自保、情緒、愛、恐懼、性、表現的慾望、永生的慾望、身心的自由、憤怒、恨、物質財富的慾望。
6. 用富蘭克林的方法激勵自己。自己做表格，立刻去做！如果你一次想不出十三項美德，可以先做一項，其餘再逐漸增加。重要的是，每天檢查你的進度。
7. 雷肯貝克機長堅定的信心，使他和同伴安然度過危機。你如何加強你的信心，在最需要的時候幫助自己？
8. 你是否隨時準備好，在最需要的時候發揮信心？

希望是激勵自己和別人的神奇要素。

第十章　激勵別人

有效激勵別人非常重要。每個人都扮演著互動的角色，親子、師生、上司和部屬、買賣雙方，經常需要激勵別人，同時受到激勵。

一個兩歲半的小男孩，在吃完一頓豐盛的耶誕大餐之後，陪他的父親一起散步。走到一處路口，小男孩停下來，微笑地看著父親說：「爹地……」卻欲言又止。父親問他：「什麼事？」男孩停了兩秒鐘之後說：「如果你說好，我會讓你揹。」這種可愛的激勵方式，沒有人會拒絕。

愛迪生的母親相信他，使他對自己產生信心，相信自己會做得更好，不再因為害怕失敗，用憤怒的情緒保護自己，而把所有力量用來追求成功。信心使他得以盡情發揮自我。

「我的母親造就我。」愛迪生說。

拿破崙・希爾自己的童年也有類似的心路歷程：

從小我就被認定是壞孩子。母牛走失了、樹莫名其妙被砍倒了，每個人都認定是拿破崙・希爾這個小子做的好事。

還有人說，我的母親死了，沒有人管教。父親和哥哥都認為我很壞，所以我真的很壞。反正大家都這麼認為，我也無所謂。

有一天父親說要再婚，大家都擔心新媽媽不知道是什麼樣子。我打定主意，根本不會把新媽媽放在眼裡。陌生的女人終於進到家門，她走到每一個房間，愉快地向每一個人打招呼。她走到我的面前，我像槍桿一樣站得筆直，雙手交叉抱在胸前，冷漠地瞪著她，眼裡沒有一絲歡迎之意。

「這是拿破崙，」父親說，「全家最壞的孩子。」

我永遠忘不了繼母當時所說的話。她把雙手放在我的肩上，看著我，眼裡閃爍著光芒。「最壞的孩子？」她說，「一點也不。他是全家最聰明的孩子，我們要把他聰明的本性誘導出來。」

繼母總是鼓勵我要盡力而為，她給我最大的啟示是，給他們自信心，讓他相信自己。這是激勵別人最好的方式。

我的繼母造就我。她相信我是好孩子。她對我的愛和信心，使我努力做到了。

相信別人，對他們有信心。這種信心和瞭解都是主動而非被動。主動地相信別人，

才能激勵他們。你要說：「我相信你一定能做好這件事，我們都在期待你的成功。」

書信是鼓勵一個人的絕佳工具

寫信給一個人，可以經由暗示影響對方的潛意識。如果你身為人父、人母，寫信給在外就學的子女，你就有機會：⑴塑造孩子的人格；⑵探討你不敢或沒有時間當面討論的事情；⑶表達內心的想法。

當面說的話，由於時機或情緒不當，孩子可能聽不進去；同樣的話，如果書寫端正，語調親切用心地寫在信紙上，孩子卻會視為珍寶。

離家在外的孩子，家書抵萬金，必定欣然接受所有建議。更可能時常銘記在心。業務主管或經理人員適時地寫信給旗下的銷售人員，可以鼓勵他們突破以往的業績記錄。同樣地，業務人員寫信給主管的經理，也一樣受益無窮。

寫一封信時，必須先經過思考，把自己的想法呈現出來，再用問題引導對方思考，促使對方回覆。如果對方只看不回，你可以像廣告專家皮爾波特・摩根（Pierpont Morgan）一樣，放一點誘餌。

皮爾波特的姐姐抱怨兩個讀大學的孩子從來不肯寫信回家，摩根說只要他寫一封信，那兩個孩子一定會馬上回信。事實果然如此。

他的姐姐訝異地問：「你是怎麼做到的？」摩根把信拿給她看，兩個孩子都在信上提到大學裡有趣的事情及對家人的想念，信末的附註則完全相同：「你說附在信裡的美金十元沒有收到！」

以身作則，鼓舞他人

一位成功的業務經理知道，激勵業務人員最有效的方法，是給他一個榜樣。克萊門・史東用以下的故事鼓舞了許多人。

有一天晚上，我花了兩個鐘頭的時間，聽一位來自愛荷華的業務員抱怨工作上遭遇的挫折。他在席克斯地區跑了兩天但毫無所獲，他說：「席克斯那個地方什麼也賣不出去。那裡全都是荷蘭人，極度排外，根本不會向陌生人買東西。而且，當地連續五年農作物歉收。」

我建議第二天我們一起到席克斯地區試試看。第二天早上，我們驅車前往席克斯。我要證明，業務員只要有積極的態度，善用公司的支援系統，不論有多少阻礙，一定能夠成交。

那位業務員開著車子，我閉目養神，同時調適自己的心態。我不斷地想著那裡的人們需要購買保險的理由，而不是他們為何不想買。

他說，那些荷蘭人對陌生人深懷戒心。很好！那表示，如果你把保單賣給一個領導人物，整村的人都會跟著買。所以，我要做的是，把第一份保單賣給適當的人選；即使花很長的時間，我也要做到。

另外，他說當地連續五年歉收。太好了！荷蘭人非常勤儉，重視家人和財產。他們沒有向其他保險業務員購買意外險，是因為沒有人試過，大家都抱持否定的態度。我們的保費低廉，保障高，無人能比。

我虔誠地一再默禱：「上帝幫助我！」接著小睡片刻。

抵達席克斯地區，我們先拜訪一家銀行的副總裁、出納及櫃檯人員。不到二十分鐘，副總裁和出納都簽下我們最高的保額。

我們從銀行開始，逐一造訪鄰近的公司行號和商店。奇妙的事情發生了，當天我們所拜訪的人，都購買全套的保單，無一例外。

同一個地區，為什麼我成功的簽下保單，而另外一個人卻一無所獲？他說，荷蘭人不會向陌生的業務員購買保險，那是消極的態度。我知道他們是群性很強的荷蘭人，會購買保險，這是積極的態度。

他還說，他們連續五年作物歉收，不會購買保險，那是消極的態度。我知道他們連續五年作物歉收，因此會購買保險，這是積極的態度。

此外，我祈求上帝的幫助，我相信我可以得到力量。

後來，那名業務員繼續在席克斯地區跑了很長的時間，突破自己的業績記錄。

他終於知道積極態度的重要性。

銷售時成交的重要因素依次為：⑴行動的鼓舞；⑵特定產品或服務的銷售技巧；⑶產品或服務本身的專業知識。同樣的原則，可以適用在任何行業。

在前述的例子中，那位失敗的業務員缺乏最重要的因素：行動的鼓舞。

激勵別人的方式還有很多，最有效的是利用勵志書籍鼓舞別人。知名的銷售主管及顧問摩理斯・皮克斯（Morris Pickus），多年前給了克萊門・史東一本《思考致富聖經》，讓史東先生體會到，激勵及熱誠是銷售組織的生命。

他時常送勵志書籍給旗下業務人員，並於每週及每月出版勵志刊物，補充業務人員精神的維他命。

適材適任，有效激勵

冰島華特・克拉克企業的創辦人——華特・克拉克（Walter Clarke）小時候曾經想當醫生，長大之後，他想當工程師，便攻讀工程。

就讀哥倫比亞大學時，他發現研究人大腦的功能非常有趣，而且極具挑戰性，便從工程轉系到心理學，最後修得碩士學位。

華特・克拉克在梅西百貨人事部門工作時，發現心理測驗的結果，可以提供智商、性向、人格等特定的訊息，但似乎缺少什麼。

工程師把適當的零件，放在適當的地方，讓機器有效運作。華特認為對人也是如此，選擇適當的人才，來做適當的工作。

許多人事主管都發現，很多人接受心理測驗，結果顯示他們的知識、技能、性向和人格都足以勝任該項工作，卻不稱職。「為什麼有這麼多人缺勤、離職？」華特問自己，「到底缺少什麼？」

華特發現，人不是機器，人有心靈意識，成功或失敗都與心靈是否受到激勵有關。

華特設計出一套行為誘導分析測驗，能夠：

(1)顯示受試者在友善或敵對的環境中，所表現的行為傾向。

(2)顯示在有利或不利的情況下，吸引或排斥受試者的環境。

(3)最重要的是——顯示受試者最適合何種工作？

這項測驗可以幫助企業的管理部門：(1)選擇人才；(2)提高管理效率；(3)降低龐大的缺勤成本；(4)人事補充。

依據受試者的測驗結果，安排適合的職務；受試者喜歡自己的工作，自然就能樂在其中。

克萊門・史東先生實際應用這項測驗，發現了重要的功能。這項測驗可以瞭解受試者⑴人格特質、⑵環境特質，如此，就可以有效激勵。

史東先生說，不論你的智商、客觀的環境及過去的經驗如何，只要有積極的態度，都可以做到自己想做的事情；記住，你有選擇的權利。

你可以運用暗示及自我暗示的簡單技巧，有效地激勵自己和別人。

1.假設一位推銷員生性膽怯，工作卻需要積極主動，那麼：

⑴銷售經理應該告訴他，膽怯和恐懼都是自然的反應，並建議他經常用一句話自我激勵。

⑵例如，他可以每天早晨或在任何時間經常覆誦：「要主動！要主動！」在他必須行動，卻感到膽怯時，則告訴自己「立即行動！」

2.當銷售經理發現有一名推銷員說謊，如果他有心改善此項缺點，那麼：

⑴銷售經理舉例說明別人如何改掉不誠的惡習，並建議他閱讀勵志書籍、文章、詩篇及聖經的章節。

⑵此時，該推銷員應該經常覆誦「說實話！說實話！」受到誘惑時，再加上「拿出勇氣面對事實」。

這都非常簡單易行，瞭解激勵的效果，你就會懂得善加運用。

運用方法，取得成果

很多人看過富蘭克林的自傳，卻沒有學會其中的成功定律，但至少有一個人做到了，那就是法蘭克・貝特格（Frank Bettger）。

法蘭克的事業失敗，他努力尋求實際可行的方法，讓自己東山再起。他運用富蘭克林的方法，把目標分別寫在十三張卡片上面。第一張正面的目標是「熱誠」，背面用「要熱誠行動，就要表現熱誠」做為自我激勵。

我們在課程中也應用貝特格的方法，請一名學員到教室前面，以下是講師和學員之間的對話。

你希望自己變得熱誠嗎？

是。

好，練習自我激勵的話：「要熱誠，行動上就要表現熱誠！」

覆誦一遍。很好！這句話的關鍵字是什麼？

好。我們繼續練習，讓熱誠融入你的生活之中。如果你想生病，該怎麼做？

表現出生病的樣子。

很好。如果你想要悶悶不樂，該怎麼做？

表現出悶悶不樂的樣子。

如果你想要熱誠，該怎麼做？

表現出熱誠。

不斷練習所有的美德或個人的目標。例如，「公正」，用「要公正，就要表現公正」自我激勵。

講師繼續說：

記住，當你接受了別人的觀念，它就變成你的觀念，為你所用。現在，我要你用熱誠的聲音說話，表現出熱誠。為了能熱誠地說話，請依照以下七項要點來做：

1. 大聲說話！當你的情緒沮喪、站在眾人面前暗暗發抖、緊張而胃部抽痛時，特別重要。
2. 加快說話的速度！說話的速度加快，使你的反應更快；專心並且加快閱讀速度，可以在同樣的時間內，多讀一本書，並且瞭解更透徹。
3. 加強語氣，強調重要的字彙或詞句。
4. 停頓！在書寫時應該加上句號、逗號或其他標點處略為停頓。停頓可以產生戲劇性的效果，讓對方趕上你所表達的思想，強調重點之後稍作停頓，效果更好。

5. 讓聲音保持微笑！說話的音量大，速度快時，避免粗啞的發音。必須在聲音中加進微笑，在臉上加上微笑，眼睛裡加進微笑。

6. 變換語氣！進行長時間談話時，應該經常變換速度和音量。

7. 經常練習，你就能夠以熱情、互動的方式與人說話。

立即行動

立即行動！看完富蘭克林的十三條成功定律，你知道「熱誠」是法蘭克・貝格特所選擇的第一項原則，也知道「積極的態度」是十七條成功定律中最重要的原則。

如果你還沒有開始，準備好十七張卡片，分別寫上十七條成功定律，用富蘭克林的方法，達成你的目標。

「立即行動！」以此激勵自己，你就能做得到，然後，會發現激勵別人也很容易。

【導航須知】 第十號導航員

1.你在激勵自己與別人的過程中，扮演互動的角色。用積極態度學習及應用激勵的藝術。
2.相信別人及相信自己，可以激勵別人產生自信心。
3.一封信可以改變一生。用書信與所愛的人分享有益於思想、工作和健康的良好建議。
4.運用榜樣激勵別人。
5.想要激勵別人時，借重勵志的書籍，或說激勵的話。
6.學習用積極的態度激勵別人。
7.用暗示的方式激勵別人，用自我暗示激勵你自己。
8.如果你感受到恐懼的情緒，該採取何種方式加以調適，以便消除恐懼的情緒？
9.表現出熱誠，你就會變得熱誠！
10.以熱誠的口吻說話，克服膽怯和恐懼。(1)提高音量；(2)加快速度；(3)強調重要的語句；(4)在句點、逗點或其他標點處略為停頓；(5)聲音保持微笑；(6)語調多變化。
11.開始製作卡片，實踐十七條成功定律。立即行動！

生命中有價值的事物都值得努力追求！

第三部

打開寶庫的鑰匙

第十一章　致富的捷徑在哪裡

致富有捷徑嗎？

捷徑的定義是，比一般的途徑更直接且更快完成某件事情。走捷徑的人一定知道自己的目的地。他必須走出去，不論中途遇到何種阻礙，都必須繼續走下去，否則永遠到達不了目的地。

我們在第二章列出「十七條成功定律」：

1. 積極的態度（Positive Mental Attitude, PMA）。
2. 設定明確目標。
3. 加倍努力。
4. 正確的思考。

5.加倍付出。

6.自律。

7.建立智囊團。

8.運用信念。

9.愉快的個性。

10.充滿熱情。

11.專心致志。

12.團隊合作。

13.記取失敗教訓。

14.創新思維。

15.精打細算時間和金錢。

16.保持身心健康。

17.運用宇宙慣性定律（宇宙通則）。

為什麼要重複這十七條成功定律？因為這些是致富的捷徑，是成功最快的道路。

你必須培養積極的態度，應用這些成功的法則，影響、運用、控制及協調所有已知及未知的力量。

只有你能夠為自己思考。

所以，致富的捷徑只有簡單的一句話：以積極的態度思考並致富！

當你確實以積極的態度思考，自然會有所行動；運用書中的法則，讓你達成所有正當的目標。

【導航須知】 第十一號導航員

致富的捷徑：以積極的態度思考並且致富！

只要具有積極的態度，相信你可以，
你就做得到！

第十二章　招徠財富

不論你是誰，不管年齡大小、教育程度高低，都能夠招徠財富，也可以趕走財富。本章告訴你如何致富。你是否想要致富？對自己誠實。你當然想！或者，你害怕致富？如果你因為疾病不敢夢想致富，那麼，回想第二章米羅・瓊斯的經驗。即使你躺在醫院的病床上，研究、思考及計畫，也能夠致富。

即使躺在病床上也能思考

各行各業有許多成功的人士，都是受到一本勵志書籍的啟示。不要低估書本的價值。

喬治・史提非克（George Stefek）躺在依利諾州的退伍軍人醫院療養，他的時間很多，但是，除了讀書和思考之外，能做的事情並不多。他看了《思考致富聖經》，對自己充滿信心。

他得到一個靈感。喬治知道很多洗衣店，在燙好的襯衫衣領加上一張硬紙板，防止變形。他寫了幾封信向廠商洽詢，得知這種硬紙板的價格是每千張美金四元。他的構想是，在硬紙板上加印廣告，再以每千張美金一元的低價賣給洗衣店，賺取廣告的利潤。

喬治出院之後，立刻著手進行，並持續每天研究、思考、計畫的習慣。

廣告推出之後，喬治發現客戶取回乾淨的襯衫之後，衣領的紙板即丟棄不用。他問自己：「如何讓客戶保留這些紙板和上面的廣告？」答案閃過他的腦際。

他在紙卡的正面印上彩色或黑白的廣告，背面加進一些新的東西——孩子的著色遊戲、主婦的美味食譜或全家一起玩的猜謎。有一位丈夫抱怨洗衣的費用激增，他發現妻子竟然為了蒐集喬治的食譜，把還可以再穿一天的襯衫送洗！

喬治並未以此自滿。他野心勃勃，要讓自己的事業更上一層樓。他又向自己提問：「如果擴大業務？」很快地有了答案。他把每千張美金一元的紙板寄給美國洗衣工會，工會便推薦所有的會員採用他的紙板。因此，喬治有了另一項重要的發現：給別人你所喜歡及美好的事物，你會得到更多！

縝密的思考和計畫為喬治帶來可觀的財富，他認為一段獨處的時間，是招徠財富必要的投資。

靈感總是悄然而至。不要誤以為馬不停蹄才是效率，不要認為思考是浪費時間。往往是在十分平靜的情況下，才能想出最不尋常的主意。

你不必等到躺在病床上，才養成閱讀勵志書籍及思考、計畫的習慣。思考、研究及計畫並不需要很長的時間。即使你只用一％的時間，都能更快達成目標，並且有令人驚喜的改變。

每一天有一千四百四十分鐘。用一％的時間研究、思考及計畫，這十四分鐘將有意想不到的效果。養成隨時隨地接納建設性觀念的習慣，不要浪費洗碗、搭公車或洗澡的零碎時間。

記得準備好紙和筆，隨時把靈感記錄下來。

確定目標是招徠財富的另一個要件

有四個重點必須銘記在心：

⑴寫出目標，激發你的思考，造成深刻的印象。

⑵給自己一個期限，訂出達成目標的時間，這點非常重要。

⑶訂定高標準。標準的高低和激勵的強度有直接的關係。目標訂得愈高，就愈集中，即使達不到最高標準，至少還有中等的成就。所以，把標準訂高，定出近程及中程的步驟，逐步接近成功。

下列的問題可以刺激你的思考：從現在開始，如果你一直做同樣的工作，十年之後，你會變成什麼樣子？

⑷訂出高目標。你必須勇敢地不斷地向生命提出更高的要求，適時激勵自己，逐步到達你想要的境地。

跨出第一步

設定目標之後，重要的是付諸行動。六十三歲的老祖母查爾斯・菲莉琵亞（Charles Philipia）太太，決心從紐約市徒步走到佛羅里達州的邁阿密。到達邁阿密時，記者訪問她，為何她有勇氣，長途跋涉走完全程？

「走一步路是不需要特別勇氣的。」菲莉琵亞老太太回答，「就是這樣。走一步，再走一步，一直走下去，結果就到了。」

是的，你必須走出第一步。不論你用多少時間思考和研究，都要在行動之後才會有效。

有一個人賣掉一座金礦，收到百萬現金，卻仍然保有原來的金礦。

「我有一個夢想，但沒有錢，只有一把鏟子和十字鎬。我帶著鏟子和十字鎬，實現我的夢想。」他說。

「我想，只要找到一座金礦，礦產公司會替我開採，我不需要資本。」

我真的找到一座金礦，賣了美金兩百萬元，付款條件是美金一百萬現金及一百萬抽成。後來，礦產公司發現礦區蘊藏量不多，不具開採價值。我提出以抽成的權利金買回金礦，對方接受。因此，我得到百萬現金，同時擁有該座金礦。

消極的態度趕走財富，積極的態度招徠財富

積極的態度使你不斷嘗試，一直到獲得想要的財富為止。然而，你可能積極地跨出第一步，卻因為態度變得消極而功虧一簣。

一九二九年底，奧斯卡在奧克拉荷馬市的火車站等車。他必須等待數個小時才有通往東部的火車。他曾經任職石油公司，在攝氏四十三度高溫的西部沙漠地區待了幾個月，負責勘測石油。

奧斯卡畢業於麻省理工學院，操作探勘油井的設備得心應手；此外，他還自行設計組裝一套探測儀器，準確度非常高。

然而，奧斯卡所屬的公司，因為總裁挪用現金炒作股票而破產。一九二九年經濟大蕭條，奧斯卡失業了，十分落魄潦倒，消極的心態開始大大地影響他。火車還要幾個小時才進站，為了打發時間，他取出探則儀器，就地測試。儀器顯示火車站的地底蘊藏豐富的石油。

奧斯卡突然惱怒起來。

「不可能有那麼多石油，沒有那麼多石油！」他憤怒地咆哮著，那套儀器在他盛怒之下被踢翻而損壞了。

奧斯卡由於失業的挫折，正受到消極的心態所影響，夢寐以求的機會就在他的腳下，他卻拒絕看到。

他對自己設計的儀器失去信心。如果他有積極的態度，就能招徠財富，而不會趕走財富。

信心是十七條成功的法則之一。在你最需要信心的時候，正是考驗信心的時候，你能否積極加以應用？

消極的心態使奧斯卡認為自己相信的事情都是錯的。經濟大恐慌造成很多人的危機意識——奧斯卡就是其中之一。他工作十分努力，卻因為別人犯的過錯而失業；他所敬重的公司總裁，竟然挪用公款；過去他所信賴的儀器，也開他的玩笑。奧斯卡懊惱極了。

奧斯卡搭乘火車離開奧克拉荷馬市，探測儀器被棄置在車站。他同時也丟棄了一個全美國最豐富的石油礦藏地。

不久之後，奧克拉荷馬市真的發現油礦，甚至可以毫不誇張地說，整座城，就浮在石油上。

奧斯卡的故事印證一個原則：積極的態度招徠財富，消極的心態卻趕走財富。

薪水也能致富

你可能會說，我不想追求鉅的財富。「當然，我想要安定。我希望將來退休之後，能夠衣食無虞。」

或是「我只是一個上班族，除了微薄的薪水之外，還能夢想什麼？」

我們的回答是，你當然可以獲得財富，足夠過著安定，甚至是富裕的生活。

奧斯本先生原是上班族，幾年前他退休了，他告訴自己：「從現在開始，我要做自己想做的事，讓錢自己賺錢。」他計畫：

⑴每賺十塊錢就存一塊錢。

⑵每隔半年，把儲蓄或投資的利息再做投資。

⑶投資時，徵詢專家的意見，做穩當的投資，不要投機賠掉本錢。

簡單地說，奧斯本先生的做法是，每賺十塊錢，就存一塊錢，如此可以做穩當的投資而獲利。

何時開始？立即行動！

奧斯本先生在五十五歲時見到拿破崙・希爾。他笑著說：「我看過你的書《思考致富聖經》，但尚未致富。」

希爾哈哈大笑，接著認真地回答：「你可以致富，前途就在你的眼前，把自己準備好，把握每一個可得的機會，首先就是要培養積極的態度。」

五年後，奧斯本先生並未致富，但培養了積極的態度。他即將致富。他原本負債數千元，五年內已經還清所有的債務，開始用積蓄從事投資。

很多人技術不精，卻怪罪工具不夠精良。假設你的相機性能良好，拍出來的照片效果卻不好，別人用你的相機，卻能拍出效果良好的照片。那麼，是錯在自己，還是相機？

你是否看過成功的法則，卻一知半解？或雖然瞭解，卻不去應用？

如果你看了一本勵志好書，卻不用心體會、背誦自我激勵的語句、學習書中的原則，並且加以應用，效果當然有限。

現在開始不會太遲

你可以從現在開始，學習、瞭解並且應用本書中成功的法則，積極的態度會幫助你。

記住，你的思想、對自己所說的話，決定你的心態。如果你有了目標，只要找出一個你可以做到的理由，不管有千百種你做不到的原因。

達成目標的重要法則是，確定目標之後立即行動。還有，要加倍付出。克萊門・史東用以下的例子說明這兩項原則。

四月的一個晚上，我到墨西哥市拜訪法蘭克及克勞蒂亞。克勞蒂亞說：「我希望在聖安琪（當地的高級住宅區）買一棟房子。」

「為什麼不買呢？」我問。

法蘭克大笑著說：「我們沒有錢。」

「如果你知道自己要什麼，有錢和沒有錢，有什麼不同？」我問，不等他們回答，我再問：「有沒有看過《思考致富聖經》這本書？」

他們說，沒有。我舉了幾個書中的例子，並且告訴他們，幾年前我買了美金三萬元的房子，只付了美金一千五百元的自備款，結果還是能如期還清貸款。後來我還把書送給他們。

十二月，我在書房中接到克勞蒂亞的電話。「我們剛剛到墨西哥市。我和法蘭克第一個想要感謝的人是你。」

感謝我什麼？

「我們在聖安琪買了新房子。」

克勞蒂亞說：「有一個周末，我們在家中，幾位從美國來的友人打電話來，要求我們送他們到聖安琪。

那時我們兩個人都很累，而且，那個星期才剛剛帶他們去過那裡。法蘭克剛要說『沒辦法』時，書中的一句話浮現在腦海，『要加倍付出！』開車送他們到人間天堂聖安琪時，我看到自己夢想中的房子，有我渴望的游泳池。」克勞蒂亞是游泳冠軍。

「法蘭克便將房子買下來。」法蘭克說：「總價比索五十萬，我們只付了比索五千元自備款。但還是比住在原來的地方划算。」

「為什麼？」我訝異地問。

「我一次買了兩棟房子，其中一棟的房租足夠支付貸款。」

我們說：「用積極的態度招徠財富。」你可能會說：「錢賺錢，我沒有錢。」這是消極的心態。你沒有錢，下一章教你運用別人的錢。

【導航須知】　第十二號導航員

1. 如果你具有明確的目標，跨出第一步，就已經踏上成功之路！
2. 不論是否遇到困難，都仍然有信心，才是考驗你的信心。

3. 如果你看完這本書，還是沒有成功，是誰的錯？
4. 你夢想中的房子：你可以擁有！你可以像法蘭克和克勞蒂亞一樣，同時買兩棟，用其中一棟的房租支付貸款。
5. 你是否必須出車禍或生病躺在醫院，才有時間研究、思考及計畫你個人、家庭或事業的生涯？
6. 你是否已經開始努力追求目標：(1)寫下一個目標；(2)訂定完成的期限；(3)訂下遠大的目標；(4)每天檢驗你所寫的話？
7. 如果你繼續目前所做的工作，十年後會變成什麼樣子？
8. 奧斯本先生成功的方法是：
(1)每賺十塊錢就存一塊錢。
(2)每隔半年，把儲蓄或投資的利息再做投資。
(3)投資時，徵詢專家的意見，做穩當的投資，不要投機賠掉本錢。
(4)如果你需要用到積畜，就要更努力工作，不要讓自己有藉口減少儲蓄。

以積極的態度研究、思考，運用時間！

第十三章　善用別人的錢賺錢

創業？很簡單。用別人的錢賺錢，是獲得鉅額財富的好方法。富蘭克林、尼克森、希爾頓都用這個方法。如果你已經很有錢，同樣的方法依然適用。

威廉・尼克森說（William Nickerson）：「百萬富翁幾乎都負債累累。」他運用別人的錢和餘暇的時間投資房地產，把美金一千元變成三百萬元。

富蘭克林在一七四八年《給年輕企業家的建言》中說：「錢是多產的，具有生產和再生產的特性，自然生生不息。錢生錢，利滾利。」

想要「用別人的錢」的大前提是：你的行為必須是正當、誠實、守信用，絕不違背道德良知，力行「黃金律」。同時，要做優惠的回饋。

誠信是無可取代的

人無信不立，誠實是一種無可替代的美德。誠實比人的任何其他品質更能深刻地表達人的內心。

希爾頓先生以誠信經營的好名聲為擔保品，貸得了數百萬美元的資金，在許多大機場附近建造了附有停車位的豪華旅店。

「用別人的錢」必須按照約定時間償還本金和利息。缺乏誠信的人，即使花言巧語，也會被人識破。運用別人的錢，首重誠信。誠信是所有事業成功的基礎。

銀行是你的朋友

銀行的主要業務是放款，把錢借給誠信的人，賺取利息；借出愈多，獲利愈大。銀行放款的目的是為了發展商業，為了奢華生活享受而貸款，是不值得鼓勵的。

銀行是專家，更重要的是，它是你的朋友，它想要幫助你，比任何人更希望你成功。

達拉斯的查理・賽門斯（Charlie Sammons）是百萬富翁。但他在十九歲時身無分文，除了一份工作，只有一些積蓄，和一般同齡的孩子差不多。每個週末查理會定期到銀行存款，其中一位行員注意到他，覺得這個孩子天生聰慧，瞭解金錢的價值。

查理決定創業，從事棉花的買賣，那位行員讓他貸款。這是查理・賽門斯第一次運用別人的錢。一年半之後，他開始買賣馬和騾子，過了幾年，累積許多的經驗。

有一次，兩個保險公司的業務員來找他。兩個人都是優秀的保險業務員，業績非常好，他們用推銷保險的收入，自己開公司，卻經營不善，只好把公司轉賣給別人。

很多銷售人員以為只要業績好，企業就能獲利，這是錯誤的觀念。不當的管理會將利潤腐蝕殆盡。他們的問題正是如此，兩個人都不懂管理。

他們去找查理，說出自己失敗的經驗。「我們的公司沒有了，推銷保險至今所賺取的佣金，都繳了學費。如今連養家活口都有困難。」

「我們對於推銷工作非常在行，應該盡量發揮所長。你具有專業的經營知識和經，我們需要你，大家共同合作，一定會成功。」

幾年之後，查理・賽門斯買下他和那兩位推銷員共同創立的公司全部股份。他怎麼有錢？用別人的錢加上自己的積蓄。當然是向銀行借錢。因為從小他就知道銀行是他的朋友。賽門斯得知芝加哥一家保險公司，將所有主動洽詢的客戶，都建立基本資料；直接開發有興趣的「準客戶群」，效果非常好。

很多業務人員不敢拜訪陌生的客戶，浪費許多潛在的機會。而「準客戶群」是原先就有興趣的客戶，並不會使業務員感到恐懼，成交的機會也更大。

促使客戶主動洽詢的方法是廣告，但是，廣告費用非常昂貴。

查理向達拉斯銀行貸款。銀行非常樂於把錢借給像查理・賽門斯一樣誠信，並且有可行性計畫的人。查理的貸款額度不受限制，他的壽險公司，原來的資本只有四十萬，透過準客戶群制度，在短短十年之內，獲利四千萬。其後，他更運用別人的錢投資旅館、辦公大樓、製造廠和其他企業。

克萊門．史東如何用別人的錢買下保險公司

克萊門．史東買下資產美金一百六十萬的保險公司，用的是賣方的錢。

他說：我在年底做好研究、思考和計畫，決定下一年度的主要目標，是增購一家保險公司。我訂出完成的期限：明年的十二月三十一日。

現在我知道自己要什麼，也有完成的期限，但不知道如何去做。那不重要。我相信自己會找出一條路。首先，我必須找一家符合要求的公司：⑴營業項目包括意外險及健康保險業務；⑵全國各州都可營業。

當然，還有錢的問題。我必須承接該公司所有的合約，向其他公司再保。我要保留該公司完整的組織，但不需要保險業務員。如此，比花一大筆錢增設新的公司更容易。

我盡量把自己需要什麼，告訴每一個可能提供資訊的同業。

尋求無形的力量指引和協助

我進行下一個步驟：尋求無形的力量指引和協助。

我有一項待完成的重要目標。一個月過去了，兩個月、六個月過去了，終於，十個月過去了。我試過各種可行的方法，卻都無法滿足我的兩項基本需求。

十月份的一個週末，我坐在書桌前面，研究、計畫和思考，檢討本年度的目標清單。除了最重要的一項之外，其餘都做到了。

剩下兩個月。我告訴自己：「一定有辦法。現在還不知道該怎麼做，但是我會找到方法。我的目標一定會在期限內完成，從來沒有例外。」

兩天後，我坐在書桌前面，電話鈴響，話筒的另外一端傳來：「克萊門，你好，我是喬．吉布森。」喬開門見山地說：「商業信託公司所屬的賓州保險公司，由於虧損累累，即將清算，下星期四會在巴爾的摩召開董可會。賓州保險所有的業務，將由商業信託公司所屬的另外兩家保險公司承保。商業信託公司的執行副總裁是華漢先生。」

我簡短地問了幾個問題，就掛斷電話。我想，只要能提出一項企劃案，使商業信託公司更快達成目標，同時降低風險，就不難說服他們的董事會接受。

我並不認識華漢先生，打電話之前略為猶豫。掌握時機非常重要，以下的話鼓勵我採取行動：

「試試看，不會有什麼損失，如果成功，則會大有收穫。」

「用所有的方法嘗試。」

「立即行動！」

我立刻拿起電話，撥給遠在巴爾的摩的華漢先生。「華漢先生，」首先我讓自己的聲音帶著微笑，「我有好消息向您報告！」

我介紹自己，說明我得知商業信託公司可能採取的方式，我認為自己能夠幫助他們更快達到目標。於是我和華漢先生及有關人員，約定隔天下午兩點在巴爾的摩見面。

隔天下午兩點，我和律師羅素・阿靈頓，一起會見華漢先生和他的助理。

賓州保險公司的條件符合我的要求，它在三十五州合法營業，沒有業務人員，所有的業務都由另外兩家公司承保。直接賣掉賓州保險公司，省掉繁瑣的清算過程，可以更快且更明確地達到目的。

該公司的流動資產有美金一百六十萬元。我怎麼有那麼多錢?用別人的錢?

「美金一百六十萬元的資產如何處理？」華漢先生問。

對這個問題我早已胸有成竹。「商業信託公司有放款業務，我要向你貸款美金一百六十萬元。」

我們都哈哈大笑。我接著說：「你沒有任何風險，我所承購的賓州保險公司，資產美金一百六十萬元，全部都做為貸款的抵押。

「用你賣給我的公司做為抵押，再穩當不過了，你還可以賺到貸款的利息。」

「最重要的是，用這種方式，你可以迅速且妥善地解決問題。」

我暫停片刻。華漢先生問了另外一個非常重要的問題：「你如何償還貸款？」

這個問題我同樣準備好了。我的回答是：「我會在六十天內還掉大部分的貸款。」

在賓州保險公司合法設立登記的三十五個州，經營意外險及健康險的業務，所需資本不超過美金五十萬元。這是我獨資的公司，只要把資本額及商業信託的累積盈餘，從美金一百六十萬元降低到美金五十萬元，就可以還掉貸款。

另外一個問題：「你如何償還美金五十萬元的餘額？」

「這並不難，用賓州保險公司的資產，包括現金和政府公債，加上我自己其他的資產，可以向銀行借到美金五十萬元。」

當阿靈頓先生和我在下午五點半離開華漢先生的辦公室，交易已經完成。

這個經驗詳細說明用別人的錢達成目標的步驟，同時也說明貸款對一個人的幫助。

警告：濫用信用會傷害你

到目前為止，我們一直談到運用貸款的好處，也談到用借來的錢創造財富。但是，這種做法，對於態度消極的人，卻有害無益。濫用信用是憂慮、挫折、不快樂及不誠實的主要原因。

借款人自願把錢借給一個值得信任、懂得感恩的人，這是良性的互動。辜負別人對自己的信任，就是不誠信。不誠信的人借錢或購買商品，卻不願意償還全額貸款或付清款項。誠實的人，也可能因為一時疏忽，無法償還貸款，而成為不誠信的人。

態度積極的人，有勇氣面對事實。沒有能力還錢時，有勇氣告訴債權人，想出使雙方滿意的處理方式。此外，他會做適度的犧牲，直到債務全數還清為止。

誠信且具備常識的人，不會濫用信用。誠信但缺乏常識的人，可能胡亂借錢，想不出還錢的辦法時，受到消極的態度所影響，就可能違背誠信。他可能放任不管，因為欠債不會被關進監獄，他認為自己可以逃避懲罰，卻無法逃避擔憂、恐懼和挫折感，繼續因為束手無策而背信，造成惡性循環。

警告：小心投資股票

警告：很多股票投資人，因為不瞭解經濟和景氣的循環，在股市大崩盤時損失慘重。許多人投資房地產，購買房屋、土地或農地，當景氣低迷，不動產的市價滑落時，就沒有能力償還銀行的貸款。當你用別人的錢時，一定要先計畫好如何才能還清貸款。

景氣循環有一定的規則。重要的是：如果你失去部分或全部的財富，記住景氣會循環。在適當時機重新開始，不要猶豫。很多現在富有的人，都曾經失去財富，但未失去積極的態度，他們有勇氣從經驗中學習，得到更多的財富。

用別人的錢，使誠信的人由貧窮變為富有。資金或貸款是成功的要素。

不要錯失良機

一位年薪超過美金三萬五千元的年輕銷售經理寫道：

「我有一種感覺，我覺得財富、快樂、成功就在眼前。只差一步，我就能打開那扇門。」

貧富之間的差距，往往只差一項原則做不到。藍諾・拉文（Leonard Lavin）白手起家，他遭遇問題，必須研究、思考和計畫，找出解決每一項問題的方法。

他和妻子一起製造化妝品，並且經銷其他公司的產品；由於缺乏資金，因此所有的事情都必須自己做。

他們的公司逐漸成長，畢妮絲負責管理和採購，藍諾則負責業務及生產，並且聘用律師及稅務會計專家。他們把賺到的每一塊錢都投資在事業上，努力研究、思考及計畫，善用每一塊錢，讓每一個工時都發揮最高的產能，杜絕浪費。

由於藍諾的努力，他們的營業額不斷提高，在同業間極受肯定。他得知VO5公司即將被拍賣，該公司生產的護髮劑，品質非常好。藍諾興奮極了，高品質一直是他追求的目標。立即行動！他與該公司的所有人聯絡，由於藍諾的熱誠加上豐富的專業知識，賣方在極短的時間內，同意以美金四十萬元成交。

美金四十萬元從哪裡來？

藍諾萬事俱備，只欠東風——資金。

立即行動！他透過銀行的介紹，認識了三個曾經投資另一家化妝品公司的客戶。藍諾打了長途電話和他們聯絡，他們對財務問題非常專精，可能提供一些建議；此外，他們曾經投資另外一家公司，或許也會投資他的公司。事實果然如此。

他們在投資方面經驗豐富，此次他們提出的策略是：⑴合併所有的業務；⑵專注某一項業務；⑶以五年的期限，每季分期付款，用營運的獲利償貸款；⑷以機動利率償還貸款；⑸提供公司股權二十五%做為投資者的利潤。

藍諾欣然同意。他瞭解運用別人的錢非常重要，三位投資者同樣是利用別人的錢——他們向銀行貸款美金四十萬元。

藍諾和畢妮絲所有的時間和精力都投入工作，成績斐然。不久以後，VO5的使用者遍及全美，並出口到許多國家。三年後，他們的資產超過美金一百萬元。

藍諾・拉文的成功結合以下的因素：

1. 使用者重複購買的產品或服務。
2. 因某項獨家生產的產品獲利，但其公司已逐漸式微。
3. 經驗豐富的產品經理及最高的生產效率。
4. 優秀的業務經理，不斷改善行銷的方法，以提高業績（使公司獲利）。
5. 態度積極的良好經營者。
6. 專業的會計人員，精確的成本估算。
7. 積極的優秀律師。
8. 足夠的營運資本或適時的貸款，在適當時機擴大規模。

你也一樣，只要有積極的態度，創業很簡單，像藍若和畢妮絲一樣，用別人的錢，打開財富的大門。

你必須在工作中得到滿足，才能健康並且快樂。下一章會告訴你怎麼做。

【導航須知】 第十三號導航員

1.創業?很簡單，用別人的錢就可以了。
2.用別人的錢是致富的途徑。
3.「用別人的錢」必須是正當、合理，符合最高的道德標準：誠信與「黃金律」。
4.不誠實的人沒有權利借錢。
5.銀行是你的朋友。
6.嘗試並不會有任何損失，成功則獲利無窮。為何不去嘗試?
7.想要與人達成交易時，給對方想要的，如此你也得到自己想要的，雙方互蒙其利。
8.泛濫的信用會傷害你，造成挫折、悲劇及背信。
9.解析成功的要素時，必須瞭解所有必備的因素，缺少其中一項就無法成功。
10.你也可以找到欠缺的要素，打開成功的大門。
11.瞭解經濟的循環，如此你就會知道，何時應該擴張信用，何時該還清貸款。

拿出勇氣，面對現實！

第十四章　在工作中獲得滿足

不論你從事何種工作，不論你是老闆或員工、廠長或作業員、醫生或護士、律師或秘書、老師或學生、主婦或佣人，都應該樂在工作。

滿足是一種積極的態度。你可以決定自己的態度，樂在工作、全力以赴。從事合乎志趣的工作，更能在工作中得到滿足，否則，可能會有情緒的衝突和挫折感，可以用積極的態度調適或克服。

傑瑞・阿山（Jerry Asam）有積極的態度，他喜愛自己的工作，在工作中得到滿足。傑瑞是夏威夷國王的後代，也是一家大型企業在夏威夷分公司的業務經理。

他非常瞭解自己的工作，並且勝任愉快。傑瑞經常看勵志性的書籍，從中得到三項非常重要的啟示：

1. 你可以用自我激勵的話，掌握自己的態度。

2. 確定目標，更能看出有助於完成目標的因素。有了積極的態度，目標愈大，成就愈高。

3. 任何事情都必須瞭解發展規律並加以運用，才能成功；必須經常做建設性的思考、研究、學習及計畫。

傑瑞深信這些原則，並付諸行動。他研讀公司的銷售手冊，應用在實際的銷售過程中，他訂出目標——大的目標，並且達成。每天早上他對自己說：「我覺得健康！我覺得快樂！我覺得大有可為！」他果然覺得快樂，業績也非常突出。

傑瑞相信自己的才能足以勝任工作，他把自己的心得告訴旗下的銷售人員，用公司的訓練手冊中，最新最好的方法訓練他們；他同時以身作則，讓他們知道只要用對方法，成交是多麼容易，並且教他們訂出高目標，用積極的態度完成。

每天覆誦：我覺得健康！我覺得快樂！我覺得大有可為！

每天早上，傑瑞的組員見面時都會熱情地覆誦：「我覺得健康！我覺得快樂！我覺得大有可為！」然後一起開懷大笑，互相拍背鼓舞，以祝福彼此都能達成當天的銷售目標。每個人所訂的目標，都高得令經驗豐富的業務員和銷售經理咋舌。

每個周末，每一名銷售人員所提出的業務報表，都使公司的總裁及業務經理開心地大笑。

傑瑞和旗下的人員滿意自己的工作嗎？一定是的！以下是他們快樂的原因：

1.他們對工作有深入的研究，瞭解所有的規則和技巧，並實際應用，自然能達成目標。

2.他們經常設定目標，相信自己做得到；他們知道只要是人心所能想像，並且相信的，透過積極的態度，任何事情都可以做到。

3.他們不斷地用自我激勵的話，保持積極的態度。

4.他們享受工作完成時的滿足感。

「我覺得健康！我覺得快樂！我覺得大有可為！」傑瑞的公司有一位年輕的銷售人員，也用同樣的話激勵自己；他才十八歲，是大學生，利用暑假期間打工，到商店和公司行號拜訪推銷保險。他從為期兩週的訓練中學習到：

1.業務員結訓之後兩週內養成的習慣，會永遠跟著自己一輩子。

2.確定一項業績的目標，一直努力到達成為止。

3.把目標訂得高。

4.必要時覆誦自我激勵的話：「我覺得健康！我覺得快樂！我覺得大有可為！」鼓舞自己朝著目標積極行動。

累積數週的銷售經驗之後，他訂出明確的成就目標——得獎。得獎資格是一個星期內成交一百件以上。

到了星期五晚上，他已經成交八十件——還差二十件。年輕的業務員下定決心，無論如何一定要達成目標。他相信自己一定做得到。其他組員到了星期五晚上都結束工作，他卻在週末清晨回到工作崗位。

一直到當天下午三點鐘，還沒有簽下一張保單。他知道成交的或然率取決於業務員的態度，而不是潛在客戶。

他想起傑瑞・阿山用來自我激勵的話，熱情地覆誦五次：「我覺得健康！我覺得快樂！我覺得大有可為！」

到了五點鐘，他簽了三張保單，還差十七件。成功是以積極的態度不斷嘗試。他再度覆誦：「我覺得健康！我覺得快樂！我覺得大有可為！」晚上十一點鐘，他很疲憊，但是很快樂！因為他簽下那天第二十份保單。目標完成，他得獎了。更重要的是，他體會到只要不斷嘗試，就可以反敗為勝。

心態造成不同

成敗的差別在於態度，積極的態度讓傑瑞・阿山和他的銷售人員從工作中得到滿足，並且幫助那名年輕的學生得獎。

看看人們喜歡或不喜歡自己的工作，結果有什麼不同？快樂、滿足的人們，用積極的觀點看待周遭的情況；當事情無法盡如人意，他們先反求諸己，尋求改善之道；努力從工作中學到更多、更專精，讓自己和雇主更滿意。

不快樂的人緊抱著消極的態度。他們自己不想要快樂，對所有的事務竭盡所能的抱怨和挑剔；工作時間太長、午休時間太短、上司太囉嗦、假日太少、福利不好，甚至抱怨無關緊要的事情，例如，蘇西每天都穿同一套衣服、約翰記帳字跡潦草……，他們的工作與生活都充滿了不愉快的人與事，消極的心態完全佔有了他們。

不論工作的性質如何，如果你想要快樂和滿足，用積極的態度，就可以找出創造快樂的方法和途徑。

把快樂和熱誠帶到工作環境之中，可以使工作變得充滿樂趣，效率也大為提高。

明確的目標創造奇蹟

接著我們來看看明確的目標如何使家庭主婦充滿熱誠呢？我們在一堂課程中，談到把熱誠帶到工作中的原則時，坐在教室後面一位年輕的女學員舉手發言。

「我和丈夫一起來。你們所說的原則，對於職場中的男性可能很好，卻不適合家庭主婦，男人時常會遇到新奇和有趣的挑戰，但是做家事卻千篇一律。」

這個問題對我們而言是一項挑戰，很多人的工作的確是千篇一律。如果我們能想出辦法，幫助這位年輕的女學員，或許就能幫助那些把工作當成例行公事的人。我們問她，每天例行的家事是什麼？她說，整理好床鋪，很快又弄亂；剛剛洗過的碗又髒了；地板拖完，又被踏髒。「事情全部做完之後，就像沒有做一樣。」

「的確很令人懊惱，」講師也有同感。「有沒有喜歡做家事的女性？」

「應該有吧！」她說。

「為什麼她們會喜歡做家事？」

那位年輕的女學員想了一會兒才回答：「可能是她們的態度，她們不覺得家事很無聊，不只是例行的公事。」

這就是問題的關鍵。在工作中得到滿足，其中的一項秘訣就是：「不只當成例行公事。」你的工作一直在進展，不論你是家庭主婦、檔案管理員、加油員或是大企業的總裁，都沒有什麼不同。把例行的工作當成前進的踏腳石，就能得到滿足；每件瑣事都是一個踏腳石，帶你走到選擇的方向。

運用踏腳石理論

這位家庭主婦所需的答案，是找出她真正想要達成的目標；找出一種方式，讓她從每天例行的家事中，逐漸達成該項目標。她主動說出自己的心願——和家人一起環遊世界。

「很好。」講師說，「就以此為目標。妳自己訂出期限，什麼時候成行？」

「等小孩滿十二歲，」她說，「也就是六年之後。」

「所以，妳要開始做一些準備。妳的丈夫必須留職一年，要先做好錢的預算。妳必須安排行程，計畫停留哪些國家？妳能否想出辦法，讓整理床鋪、洗碗、拖地、準備三餐，成為達成目標的踏腳石？」

幾個月之後，故事中的女主角來找我們。從她走進來的那一刻，就可以明顯看出她非常成功且驕傲。

「太奇妙了，」她告訴我們，「這個踏腳石的觀念成功了！每一項雜事都適用。我利用打掃的時間思考和計畫，購物的時間拓展視野，我刻意購買從其他國家進口，我們在旅途中可能吃到的食物，吃飯的時間做為教育時間，如果我們吃中國的雞蛋麵，我會事先看過許多有關中國風土民情的資料，在餐桌上和家人分享。」

「再也沒有呆板或無聊的事情。感謝踏腳石的觀念！」

不論你的工作多麼單調乏味，只要你看到自己追求的目標，工作就能為你帶來滿足。不論任何行業都是一樣的。有一個年輕人想當醫生，他必須先唸書拿到文憑。除了賺取學費，他看守幸運泉、替人洗車、挖掘水溝，這些工作當然沒有挑戰性或刺激，那只是到達終點的一種途徑。他知道自己想要什麼，工作便成為一種磨練。

若相對於所追求的目標，工作所付出的代價太高，就應該換工作；當工作令你不愉快，不滿的毒素將散發到生活的每一個層面。如果你的工作值得付出代價，你就要激揚鬥志，永不滿足。「不滿」有可能是積極或消極，完全由你的心態決定。

培養建設性的不滿

若工作值得努力，你仍然不快樂，此時應該培養建設性的不滿。富蘭克林壽險公司前任總裁查爾斯·貝克（Charles Becker）說：「我希望你覺不滿。不滿意是人類歷史上所有進步和改革的原動力。我希望你們永遠都不滿足，我希望你們一直急於改善自己和周遭的世界。」

建設性的不滿可以激勵人們，化罪惡為聖潔、反敗為勝、由貧轉富、由悲愁到快樂。

犯錯時、事情出了差錯、和別人產生誤會、遭遇挫折、一切都黯淡無光、毫無轉寰的餘地、問題不可能有令人滿意的解決方式時，你怎麼做？

你是否：束手無策、恐懼、逃避？

或者，你培養建設性的不滿？把劣勢轉為優勢？堅定自己所要的決心和信心、清晰的思考，積極的行動達成滿意的結果？

拿破崙・希爾說，每一次的逆境，都隱藏著等量或更大利益的種子。過去重大的困難或不幸的經驗，是否鼓勵你、造就你現在的成功和快樂？否則你將難以達成？

建設性的不滿鼓舞你成功

愛因斯坦因為牛頓的定律無法解答他所有的問題而感到不滿，於是他不斷探索自然，鑽研更高級的數學原理，終於導出相對論。根據這個理論發展出原子分裂的方法，懂得質能互換的關係，探索核能的奧秘，終於成功的征服太空。

我們不是愛因斯坦，但只要一直朝著希望中的方向努力，縱使改變不了全世界，也能夠改變自己的世界。

你的工作適合你嗎？

克勞倫斯・藍茲（Clarence Lantzer）在俄亥俄州擔任車長多年。有一天早晨醒來，他突然發覺自己的工作總是千篇一律，令人感到厭倦；克勞倫斯愈想愈不滿。然而，如果你像克勞倫斯一樣，在一家公司工作那麼多年，並不會只因為不滿就辭掉工作。至少，你不想丟掉飯碗。

克勞倫斯上過成功定律的課程，他知道只要自己願意，就能在工作中得到快樂，唯一需要的是正確的心態。

克勞倫斯決定全面檢討現狀，看看自己能做些什麼。「我如何在工作時更快樂？」他問自己。

他得出很好的答案——只要使別人快樂，自己就會更快樂。

他可以讓很多人快樂，他在車上會遇到形形色色的人，隨時可以和別人做朋友。「我可以善用這項特質，讓我的乘客每天搭車時更愉快。」

克勞倫斯的計畫好極了。乘客喜歡他親切且愉快的問候，熱誠和貼心的服務，使人們和克勞倫斯自己都更快樂。

他的上司態度卻完全相反。他召見克勞倫斯，警告他停止所有異乎尋常的殷勤服務。

克勞倫斯完全不理會這種警告。他讓別人快樂，自己也非常快樂。他和乘客都滿意極了。

克勞倫斯被解雇了！

這是一個難題——很好！他去找拿破崙・希爾，「我看過《思考致富聖經》，也應用積極的的成功定律。但一定是哪裡做錯了？」他把事情的經過告訴拿破崙・希爾。

「我該怎麼辦？」

拿破崙・希爾笑著說：「我們看看你的問題。你對工作不滿意，嘗試運用最好的資產，以友善和親切的態度，把工作做得更好，更令人滿意。你做得很對，問題在於上司沒有慧眼。很好！現在你可以運用你的親和力，追求更好的目標。」

拿破崙・希爾告訴克勞倫斯，他的親和力更適合從事業務推銷工作。於是他加入紐約人壽壽險公司，成為保險經紀人號

他第一個拜訪的對象是汽車公司的總裁，他的親和力說服對方，簽下美金十萬元的保單。

當希爾第二次見到他，他已經晉身為紐約人壽壽險公司頂尖的業務員。

你有一種傾向：你想做的工作，可以做得更好。同樣的個性、能力，使你在某一項工作獲得成功，卻不一定能夠勝任另外一項工作。

如果你的工作不合乎志趣，就像把方型的釘子釘進圓孔內，事倍功半。你不能改變環境，卻能改變自己的心理態度。你可能會有心理上的衝突，但只要你願意付出代價，就可能獲勝。新的特質會產生，取代原有的。你可以克服內心的掙扎，改變自己的志趣。

下一章告訴你如何調適內心的衝突。

【導航須知】 第十四號導航員

1. 滿足是一種態度。
2. 心理態度可以由你完全掌控。
3. 記住常說：我覺得健康！我覺得快樂！我覺得大有可為。
4. 訂定目標時——要把目標抓高！
5. 瞭解規律及應用的方法。
6. 訂定目標不斷嘗試，直到達成為止。
7. 以超越的眼光看待每日的例行公事，運用踏腳石理論。
8. 培養建設性的不滿。
9. 如果你是一個方形的釘子釘在圓形的孔內，該怎麼辦？

挫折可能是踏腳石或擋路的巨石，
端看你的心理態度是積極或消極。

第十五章　偉大的執著

發展一種執著——一種偉大的執著——幫助他人。

運用以下的觀念，你可以獲得超乎夢想的財富。這個觀念帶給你快樂的無形財富，拓展你的人格，得到你意想不到的愛與關懷。

勞德・道格拉斯（Lloyd Douglas）牧師退休之後，以更具激勵效果的方式繼續傳道——寫作。傳道工作教化數百人，寫作教化數千人，電影則能感動數百萬人。他在《偉大的執著》一書中傳達一項理念：「將自己所擁有的與他人分享，不期待讚美、報酬；為善不欲人知。」

如果你這麼做，就能發揮一種普世的力量：善行不求回報，祝福和報酬就會源源不絕的降臨到你的身上。

不論你是誰，都可以有所執著

不論你是誰，都可以以自己所擁有的一部分力量，幫助別人，和別人分享；不一定要有錢有勢，不論從事何種職業，都可以發自內心的幫助別人。

有一個人不但拒絕美國少年俱樂部的要求捐出少額的錢，興建少年之家，並且以惡劣的態度對待前來募款的社工人員。

「滾出去！」他說，「我討厭要我捐錢的人！」

社工人員即將離去，他走到門口又停了下來，轉過身來和善地看著坐在辦公桌後的人。「你不願意幫助需要幫助的人，但是我願意同你分享我所擁有的一部分——一句禱文——願上帝賜福你。」接著轉身離去。

社工人員當時的想法是：「金和銀我都沒有，我願將我所有的與你分享。」幾天之後，有趣的事情發生了。

那個叫嚷著「滾出去！」的人，來敲社工人員辦公室的門：「我可以進來嗎？」他帶著自己所擁有的一部分要與人分享——一張美金五十萬元的支票。他把支票放在桌子上說：「我有一個條件：不可以讓任何人知道是我捐的。」

「為什麼？」

「我不希望俱樂部裡的孩子們提到我的名字，誤以為我是好人。我不是聖人，而是罪人。」

如果你像那位社工人員一樣，沒有錢，卻願意與人分享自己所擁有的，你也可以慷慨地給予。

最寶貴的財富及最大的力量經常是無形的。沒有人帶得走，你、只有你，能夠支配他們！

分享愈多，擁有愈多。

如果你對此感到懷疑，可以用以下的例子證明：見到每一個人，都向他微笑致意，親切地問候、愉快地回答、衷心的感激和欣賞，與人分享快樂、勇氣、希望、榮耀、信心、友誼、祝福和善意。當你將你所擁有的與人分享時，你留下的東西就會擴增。如果捨不得與人分享，你原有的就會縮減。所以，你應與人分享美好的，保留那些不好的。

痛失愛女的心路歷程

一位母親失去了唯一的孩子——一個漂亮活潑，為周遭每一個人帶來歡笑的少女。她為了調適失去愛女的悲傷，致力於幫助別人。應我們的要求，她寫出自己的心路歷程：

失去愛女的悲慟永遠在我的心裡。她是我們全部的未來和所有的希望。上蒼帶走我們唯一的孩子，她才十四歲半。我們的悲慟難以形容，未來一片黯淡，因為生命中的光亮已經熄滅了。一切都變得非常空洞，所有的甜美都變成苦澀的回憶。

我的丈夫和我一樣，心裡只有一個無解的問題：為什麼？我的丈夫申請退休，我們賣掉房子，到處旅行，卻無法逃離悲傷，想要尋求安慰也不可得。過了幾個月，我開始慢慢接受事實，所有孩子給大人們的快樂，都是上蒼借給我們的。

我的丈夫依然愛我，我依然擁有朋友和周遭所有美好的事物。我應該感謝上蒼。雖然失去最愛，但使我更加體諒別人，因此，更能夠幫助別人，我開始參與社會工作，在「希望之都」擔任義工，讓自己有機會替愛女做一些事情。

現在，時間過去了，我的心裡得到平靜。我衷心希望因失去所愛而痛苦的人們，能從幫助別人當中得到安慰和平靜。

「希望之都」是全國性的醫療研究中心，提供完全免費的看護服務。

只要一個人真心想付出，就能影響整個國家，甚至整個世界。歐利森・史威特・馬登（Orison Swett Marden）的付出，改變了人們的態度。

讓每一個難關都成為往上爬的機會

馬登在七歲時成了孤兒。他看過同樣是孤兒的蘇格蘭作家山繆・史邁爾所寫的《幫助自己》，使他立志要讓世界更美好。

一八九三年景氣大好時，馬登擁有四家旅館。旅館的經營充分授權，馬登花費許多時間寫書；他想要寫成一本像《幫助自己》一樣振奮人心的好書。馬登的書名是《奮力向前》（Pushing to the Front），他說：「讓每一個難關都成為往上爬的機會！」

不幸降臨到他的身上。一八九三年的大暴動，馬登有兩處旅館付之一炬，他的手稿幾乎全毀，所有的心血付諸流水。

但是，馬登有積極的態度。他明白暴動的發生是因為恐懼，幾家大型企業先後倒閉，人們害怕美元貶值、股票下跌、經濟不穩定。這些恐懼導致股票大崩盤，五百六十七家銀行及信託公司，一百五十六家鐵路公司倒閉，罷工如火如荼的展開，失業影響數百萬人的生計，農產品也由於乾旱而歉收。

馬登看到經濟混亂，生活不安定，人們極要精神上的鼓舞。有人請他擔任旅館經理，他拒絕了。一個念頭吸引住他，他重新開始著手寫書，每個星期只靠一・五元度日，他日夜不停地工作。一八九三年完成第一版《奮力向前》。書一上市立刻受到大眾的認同，很多公立學校指定為教科書或參考書目，公司行號發給員工閱讀；該書受到教育人員、政府官員、神職人員、商人、業務經理，公認為振奮人心最有力的書，並且被翻譯成二十五種語言，銷售數百萬冊。

馬登認為個性是締造成功及維持不敗的基礎。他認為崇高、正直及圓融的人格，就是最大的成功。他告訴讀者獲得財富與事業成功的秘訣，但是，他反對逐名利、貪得無厭。他說，生活不只是過日子，而是成就崇高的生命。

馬登說，犧牲家庭、名譽、健康，不計一切代價換取金錢的人，不論累積多少財富，都是人生的失敗者。很多成功的人，都不是大老闆或百萬富翁。

馬登的「奮力向前」，讓整個國家的態度，由消極變為積極，影響了整個世界。

馬登證明堅定的意志促成行動，造就偉大的成功。

不用在乎別人對你的執著冷嘲熱諷

許多偉大的發明家、創造者、哲學家和天才，被當成「瘋子」、「傻瓜」或「白癡」，他們孤軍奮鬥，對抗人們的嘲諷和漠視。

北卡州杜克大學超心理學實驗室萊恩（J. B. Rhine）博士，就讀芝加哥大學時，聽了亞瑟・柯南道爾的演講，開始研究心靈的現象，想要以科學的方法，探索並且開發人類意志的未知力量。

他決定在大學擔任教職，有人警告他，如此將使他的聲望受損；他的朋友紛紛阻止他，有些不再與他來往。「我必須找到自己的路，忠於自己。」

他忠於自己，終於在科學界受到肯定和推崇，成為舉世知名的專家。

過去四十五年來，他打破禁忌，忍受漠視、敵對和嘲諷，最大的阻力是缺乏研究經費，甚至曾經從醫院廢棄不用的儀器中，找出可用的零件拼裝成實驗器材。

你是否執著於一個偉大的理想？許多大學教授付出所有的時間，努力追求能使全人類受惠的真理，他們不但缺乏研究經費和設備，甚至無法負擔自己和研究人員的生計。

錢不好嗎？

你也可以實現自己的執著。財富是一項偉大的執著！你可能會問：金錢和偉大的執著如何相提並論？我們的回答是：「錢不好嗎？」

很多人說：「錢財是萬惡的根源。」聖經上說：「貪財是萬惡的根源。」一字之差，意義大不相同。

許多態度消極的人，對《思考致富聖經》一書的內容不以為然。作者認為，其中有許多人，只要改變態度，在短短一年內，可以賺得超過他們原來一生所能賺得的財富。

在社會上，錢是交易的媒界。錢是力量，可以用在善與惡。《思考致富聖經》鼓舞許多人，用積極的態度追求財富。書中亨利・福特、洛克斐勒、愛迪生及卡內基等名人的事蹟，鼓舞了許多人。

這些人所成立的基金會，資產超過數十億美元，每年對於慈善、宗教及教育性目的的捐款金額，超過兩百萬美元。

金錢不好嗎？

這些人的大愛將永垂不朽。

卡內基生長在一個貧窮的蘇格蘭移民家庭，其後成為全美國最富有的人，《卡內基傳》可以看到他一生的事蹟。他一生篤信一個理念：「生命中值得擁有的事物，都值得努力追求！」這個簡單的理念，成為一種執著。

卡內基在世時，直接的捐贈、基金會及信託的捐款金額高達五億美元，他並捐出數百萬美元，興建圖書館，嘉惠求知的人們。

卡內基勤奮地工作直到八十三歲逝世為止。在此期間，他一直很有智慧地與人分享他鉅額的財富。

一個人若能將無形的財富與所愛的人分享，世界會更美好。就像卡內基一樣，把帶來快樂、身心健康及財富的理念與人分享。

麥克・班納頓（Mike Benedum）從週薪二十美元的小職員，成為全美最富有的人，他的財產逾千萬美元。一個極小的事件，促成他事業上的轉捩點。

二十五歲的班納頓，在火車上讓位給一位陌生的老人，他覺得那是理所當然的事情。那位老人是北賓州石油公司總監約翰・渥斯頓。渥斯頓提供一個工作機會給班納頓，班納頓接受了，後來他成為「有史以來發現最多石油的人」。

班納頓對金錢的看法是：「我只是暫時保管金錢，運用這些錢讓社會更好。」

他在八十五歲的生日時說：「人們問我，到了這個年齡，如何保持朝氣。我的秘訣是，讓自己忙碌，時間就不知不覺過去了。多想多周遭人們的好處，多想到朋友，盡可能不要想到敵人。我覺得年齡無關歲月，而是一種心境。」

心中有所執著可以活得更久

心中有所執著可以活得更久。就像哈伯特・胡佛和伍德將軍，他們奉獻許多時間和金錢給美國少年俱樂部，推展公益活動，受到世人的推崇和敬愛。

或許你沒有卡內基或班納頓的財富，卻不會影響你的執著。

艾文・魯道夫（Irving Rudolph）一生致力於幫助貧民區的少年，用來感念曾經挽救他的少年俱樂部。

他生長在芝加哥北部的一個貧窮的地區，和一群遊民一起流浪，他們大多是問題少年。有一天，一群少年俱樂部的社工人員，抵達該地區一所廢棄的教堂。

「我們一夥人當中，只有我和哥哥到教堂去，」艾文說，「後來，除了我和哥哥之外，他們都進了監獄。如果我們沒有加入林肯區少年俱樂部，也會和他們一樣。」

艾文感激少年俱樂部為他們兄弟所做的一切，他奉獻自己的一生，幫助淪落的少年。由於他的熱誠，大量的捐款湧至支持芝加哥少年俱樂部，吸引許多有影響力的人們共襄盛舉。

看完這一章，你已經開始走上成功之路。

【導航須知】 第十五號導航員

1.培養偉大的執著：與人分享，不求回報，要對善行保密。
2.不論你是誰，不管你有什麼，你都能在內心產生一種熾烈的欲望——幫助別人。
3.與人分享自己擁有的一部分，剩餘的部分會加倍並且成長。分享的愈多，你所擁有的就愈多。因此，把好的、你所喜歡的分享給別人。
4.你可以像失去女兒的母親一樣，培養偉大的執著。
5.個性是締造並維繫成功的基礎。你如何改進自己的個性?本書會幫你找到正確的答案。

6. 你是否相信成就崇高的生命，比謀生更重要？若是，你會怎麼做？
7. 熾烈的欲望可以產生驅動力，造就偉大的成功。明確的目標可以培養熾烈的欲望。
8. 培養及堅持偉大的執著需要氣和犧牲。你可能要像萊恩博士一樣，獨自對抗別人的嘲諷和漠視。
9. 有人說錢財是萬惡的根源。聖經說：「貪財是萬惡的根源。」善惡之間的差別，在於態度積極或消極。
10. 卡內基、亨利・福特運用金錢的力量成立慈善、教育及宗教的基金會。這些人偉大的執著與善行，將永遠不朽！
11. 生命中值得擁有的事物，都值得努力追求！
12. 當別人要求你為一個可貴的原因奉獻金錢或時間時，告訴自己，「不斷地給予，直到上蒼不再給你為止。」

你所分享的會加倍，你所佔有的會消失！

第四部

成功在望

第十六章　打起精神

你今天的心情好嗎？一早醒來，你是否迫不及待面對今天的工作？一頭栽進工作中樂此不疲？

你也可能沒有心情想自己應該做些什麼，一大早就沒有精神，做著乏味的工作，毫無樂趣可言。

若是如此，我們來想想辦法。

凡諾・渥非（Vernon Wolfe）是箇中好手。他是極為傑出的教練，幾位高中生經過他的指導，都打破全國紀錄。

渥非訓練選手，同時激發他們身心的能量。「如果你相信自己做得到，」渥非說，「絕大多數的情況下是可以的。」

身體和心理都可以產生能量，潛意識的力量更是無窮。在一場車禍中，丈夫被壓在車輪下，嬌小的妻子在千鈞一髮時，抬高車輪救他出來！發瘋的人受到潛意識中的野性所驅使，可以產生在正常時無法想像的破壞、抬起、彎曲及粉碎的力量。

羅傑・班尼斯特（Roger Bannister）在一九五四年五月六日打破四分鐘跑完一英哩的紀錄，創造世界第一。他同時訓練自己的意志和肌肉，完成運動界長久的夢想。他用幾個月的時間，讓潛意識相信這是可以打破的紀錄。人們認為四分鐘是一個極限，不可能超越，班尼斯特卻認為那是一個門檻，一旦超越，他自己及許多跑者就能不斷突破紀錄。

羅傑・班尼斯特打破四分鐘跑完一英哩的紀錄之後，在四年多的日子裡他自己和其他跑者，繼續突破此項紀錄四十多次；僅一九五八年八月六日在愛爾蘭都柏林的一項比賽中，就有五名跑者都在不到四分鐘的時間內跑完一英哩！

羅傑・班尼斯特成功的秘訣，來自依利諾州立大學體能實驗室的主任湯瑪斯・柯克・克爾頓（Thomas Kirk Cureton）博士。克爾頓博士對於人類的體能，提出革命性的觀念，對於運動員與非運動員都同樣適用，可以使跑者跑得更快，一般人更長壽。

克爾頓的理論主要是根據兩個原理：⑴訓練全身；⑵把自己推到耐力的極限，延伸極限。

「打破紀錄的藝術，」他說，「是讓自己多發揮一些。」

克爾頓博士在歐洲運動明星的體能測驗中結識羅傑・班尼斯特。他注意到班尼斯特的體格有幾項優勢，例如，他的心臟與身體的大小比例，比一般人大二十五％。班尼斯特接受克爾頓的建議，做全身的訓練，他用爬山訓練意志力，練習克服障礙。

同樣重要的是，他學會把大目標打破成小目標。羅傑・班尼斯特的方法是，一次跑四分之一英哩，訓練自己跑得更快。先衝刺四分之一英哩，然後繞著跑道慢跑休息，再衝刺四分之一英哩。目標訂在五十八秒內跑完四分之一英哩，五十八秒乘以四是二百三十二秒，也就是三分五十二秒。每次都練習到精疲力盡為止，經過多次的練習，他以三分五十九・六秒跑完一英哩。

克爾博士告訴羅傑・班尼斯特：「身體忍耐愈多，愈能夠忍耐。」他說，「訓練過度」或「疲乏」都是無稽之談。

但是他強調，休息和鍛鍊同樣重要。身體需要在每次耗竭之後，重建更大的能量。身體和心理都會在休息的期間自我充電，如果你不給身體足夠的休息機會，它可能導致嚴重的傷害，甚至死亡。

適時為自己充電

當你的能量低時，你的健康和你的良好個性很可能被消極的情緒所壓制，就像蓄電池用完，機器就停止運轉一樣。

當你的能量是零時，你便是死的。怎麼辦？很簡單，給你的蓄電池充電！如何充電呢？你必須以放鬆、娛樂、休息及睡眠再充電。以下是能量的測試表，當你感覺能量逐漸枯竭，就應該進行自我測試。若出現下列的情形，就是需要充電：

不正常的倦怠感，過度嗜睡。

暴躁、多疑、易怒、懷有敵意。

緊張、憂慮、恐懼、嫉妒、自私。

情緒化、易受沮喪或挫折影響。

有足夠的能量才有積極的態度

身體和心理有足夠的能量，才會有積極的態度，反之亦然。疲倦時，原先積極、正面的情緒、思想及行為，很容易轉變成消極、負面；有了足夠的休息和良好的健康，這些都會回復正常。疲倦會使你最不良的內在顯現出來，當能量回復到正常的標準，處於最佳狀態時，你的思想和行為都是積極的。

同時訓練身體和心理，才能激發最大的能量。身體需要均衡、健康、營養的飲食；心靈需要勵志及宗教書籍的鼓舞。

身心的健康都需要維他命

身心的健康都需要維他命。曾任印第安那州美國農場研究協會主任研究員喬治・史卡塞斯（George Scarseth）博士說，非洲有一個部落居住在離海岸不遠處，比內地類似的部落更進步；族人的身體更健壯，頭腦也更敏捷，主要的差異在於飲食不同，內地的部落飲食缺乏足夠的蛋白質，而居住在海岸邊的部落，可以捕捉到足夠的魚類做為食物。

克勞倫斯・米爾斯（Clarence Mills）在《氣候造就人類》一書中寫道，美國政府發現，巴拿馬地峽附近，有些居民的發育較為遲緩。科學家發現，他們所賴以維生的植物及肉類，都缺乏維他命B群。在他們的飲食中加入維他命B_1，情況就獲得改善。

如果你懷疑自己的飲食中缺乏某種維他命，應該設法改善，最好請教醫師或營養師，接受專業的諮詢。如果情況許可，你應定期體檢。

潛意識也同樣需要心靈的維他命，並且可以無限量吸收及儲存，釋放無限的能量。不要讓無謂的負面情緒造成能量短路。

威廉・蘭吉雅（William Lengel）是《成功》雜誌的主編，他曾說過，無謂的情緒困擾，包括憂慮、怨恨、恐懼、懷疑、憤怒，都會浪費能量。

「這些被浪費的能量，」他說，「應該轉換為創造性的能量。」他還說，「失敗者所消耗的能量，並不少於成功者。存失敗之心的人得到的是失敗，存成功之心的人，得到的是成功。」

高爾夫冠軍湯米・波特（Tommy Bolt）經常浪費能量。如果他多打一桿，就會大發雷霆，時常氣得把球桿扔進樹林裡。後來，讀到聖法蘭西斯・阿西提著名的祈禱辭「給我勇氣，改變我所能改變的；給我寬容，接受我不能改變的；給我智慧，分辨兩者的不同」，他把這段話摘錄成一張小卡片放在口袋裡，隨時提醒自己，把這些被浪費的能量應用到最有利的方向。

人類是唯一能夠利用意識控制情緒的動物，例如恐懼，在某些情況下是必要的。小孩子如果不怕水，溺斃的機會將增加，但是，當你發現恐懼於事無補，在你感到害怕，需要勇氣時，表現得勇敢，就會變得更勇敢。

澳洲的道恩・弗瑞雪女士（Dawn Fraser）生長在偏僻荒蕪的郊區。道恩患有貧血，但是她立志要贏得游泳冠軍，終於成為世界頂尖的游泳女將。

她在結束卡地夫的比賽返家途中，閱讀《思考致富聖經》一書。「我重新思考長久以來的夢想——在六十秒內游完一百公尺，成為全世界最快的游泳女將，從那時開始，打破紀錄的念頭在我心中熊熊燃燒著，我把它當成最大的目標。」

弗瑞雪女士不只訓練自己的體力，並且訓練意志力。此時她尚未突破紀錄，卻已經一再逼近。她優異的表現，使得澳洲的教練爭相閱讀拿破崙・希爾的著作。

「頂尖的教練一直追求更好的方法，讓他們的冠軍選手再進步一點。現在一般的訓練項目中，都加入美國專家新的激勵方法。運用拿破崙・希爾的技巧，讓選手參加成功定律的訓練課程，學習正確地運用這些法則。」

此刻你的能量電池是否需要充電？你是否準備好摘下冠軍？若是，你需要知道如何擁有健康及長壽——那是下一章的主題。

【導航須知】　第十六號導航員

1. 此時你的精神好嗎？
2. 你最重要的體能、精神及心靈的能量來源為何？
3. 你如何用湯瑪斯・柯克・克爾頓博士教羅傑・班尼斯特的原則，開發更多的能量，達到你的目標？
4. 你是否迫使自己到達耐力的極限，然後休息，再試一次？
5. 你是否該充電了？
6. 如何避免或調適疲勞？
7. 你的飲食是否營養均衡？

8. 你是否每天閱讀勵志書刊，或聽勵志的錄音帶，補充精神的維他命？

9. 你是否將能量導向良好的管道？或者短路或浪費？

10. 「失敗者與成功者所消耗的能量相差無幾。」

11. 「上帝啊！請給我寬容，接納我不能改變的；給我勇氣，改變我能夠改變的；給我智慧，分辨兩者的不同。」

12. 恐懼的情緒何時恰當？何時不當？

13. 表現出活力，就會有活力！

用積極的態度提高你的能量。

第十七章　健康與長壽

積極的態度使你的能量充沛，對每天的生活和工作有重要的影響。每天起床及就寢之前覆誦數遍：「感謝上帝的慈悲，我會愈來愈好。」

用積極的態度幫助你

用積極的態度，招徠生命中更美好的事物，讓你的身心更健康、更長壽，而消極的心態，拒絕了生命中的美好事物，讓你生病、短命。

孩子才出生兩天，醫生說：「這個孩子活不成了。」

「孩子會活下去！」父親說，他有積極的心理態度，也深信禱告的力量。他祈禱，並且採取行動，讓一位心態積極的小兒科醫生照顧他的孩子。那位醫生相信，每一種身體的殘缺，都能得到補償。而孩子真的救活了！

我活不下去了！

「我活不下去了！」芝加哥日報出現這樣的標題，文中提到一位六十二歲的建築工程師，在家中突然感到胸部劇烈疼痛，呼吸困難，比他小十歲的妻子用力摩擦丈夫的手臂，促進他的血液循環，但還是回天乏術。

「我活不下去了！」寡婦告訴身旁的母親。

接著寡婦也死了——和她的丈夫同一天！

小嬰兒活了下來，寡婦卻死了。這是積極與消極的明顯對比。一定要給自己活下去的理由，隨時準備面對任何可能發生的危急情況，潛意識會迫使你的意志更堅強，讓你度過難關。

最長的一夜

最長的一夜。羅夫才二十歲，家境並不富裕。六名醫師加上一位年輕的實習醫生，整晚守在波多黎各聖韋恩醫院的手術室內，極力挽救他的生命。經過二十個小時的急救和不眠不休地守候，他們都疲憊不堪。最後聽不到他的心跳聲，也量不到他的脈搏。

主治醫師用手刀割開羅夫手腕的血管，流出的液體是黃色的。男孩的身體太虛弱，已經感覺不出疼痛。醫生們以為他死了，毫無顧忌地談論著，甚至說：「奇蹟也救不了他了。」

主治醫生脫下手術服，準備離開。年輕的實習醫生問：「把屍體交給我好嗎？」「可以。」醫師們離開手術房。

晨曦中，幽冥之間。羅夫無法移動他的身體，但是他看過許多勵志書籍，養成積極的態度；他用意識與超能力溝通，感覺到上帝在他的身邊。

他和上帝談話，就像朋友一樣。「如果我現在死了，世界並不會失去什麼，只是形體的轉變。但是我才二十歲，親愛的上帝，我不怕死，可是我想要活下去！如果你賜予我生命，因著你的慈悲，我會過得更好，並且盡力幫助別人。」

實習醫生靠近羅夫，仔細看著羅夫的臉，發現他的眼皮在抽動，左眼的眼角流出眼淚。「醫生，醫生，快點來！他還活著！」他興奮地叫嚷著。

羅夫經過一年的休養，逐漸恢復了健康。他活下來了！

用一本書當催化劑

催化劑就是能改變化學反應速度的物質。使反應速度加快的叫做「正催化劑」，減慢速度的叫做「負催化劑」。

用勵志書籍當催化劑，可以加速你取得人生中真正成功的進程。羅夫的親身經歷印證，勵志書籍能夠改變人的一生。馬汀・高赫在他《最偉大的力量》一書中說到，一支英國的聯軍，以《聖經詩篇九十一》做為取得勝利與保護健康生命的精神支柱；他們在第二次世界大戰中，歷時四年的時間，沒有損耗一兵一卒。

健康勝於財富

維護健康，就是維護生命。健康是最可貴的資產！許多人情願用財富換取健康。金錢可否買到健康、長壽及別人的尊敬？洛克斐勒從活躍的商場退休之後，最大的目標是鍛鍊健康的身體、長壽及贏得別人的敬重。這些可以用金錢買到嗎？可以！以下是洛克斐勒的方法。

- 每個星期天上教堂，用心做筆記，在日常生活中應用所學的原則。
- 每晚睡足八個小時，中午小睡片刻。
- 每天沐浴或淋浴，保持外表的整潔。
- 搬到氣候宜人的佛羅里達州居住。

・均衡的生活。從事他最喜愛的戶外運動——打高爾夫球，呼吸新鮮的空氣和陽光。在室內則經常閱讀及安排其他有益身心的活動。

・細嚼慢嚥，以利消化和吸收，不吃過冷或過熱的食物，以免傷到胃腸。

・吸收心靈的維他命。晚餐時，由他的秘書、訪客或家人讀一段聖經、詩篇或書報雜誌的勵志性文章。

・聘請漢彌爾頓醫師為私人專屬醫師。漢彌爾頓醫師用愉快的態度，讓病人活得更健康。洛克斐勒一直到九十七歲高齡才過世。

・明智地把財產分給需要的人，以免人們對他的憎恨轉嫁給他的家人。

洛克斐勒原來的動機是自私的——他想要得到好的名聲。結果，由於慷慨的行為，使他變得非常慷慨；透過慈善事業和捐款，帶給許多人健康和快樂，也使他找回健康和快樂。

他所創立的基金會，造福無數的後代。他用一生的財富發揮善行。由於洛克斐勒，世界更美好！

你不必擁有鉅額的財富，只要有積極的態度，就能擁有健康。除此之外，對於健康的知識也是必要的。不要漠視你的健康。

漠視的代價是罪惡、疾病及死亡

你懂多少衛生知識？「衛生」被定義為：「用以提高健康的一系列原則或規則。」漠視的代價是罪惡、疾病及死亡！家庭、學校、教會、新聞界及醫學專家、聯邦政府及州政府，都致力於用教育的方式，促進個人身體、心理及社會的健康。預防和治療同樣重要。

戒酒首先要戰勝自己

酗酒在全美國健康問題之中排名第四，導致怠工，增加醫療費用，甚至造成車禍及生命財產的損失。

治療酗酒並非易事。酗酒是可怕的疾病，但是可以治療！唯一的方法是戒酒。戒酒並不容易，必須用積極的態度不斷努力。有心戒酒的人，可以尋求醫療機構的協助，但是首先要戰勝自己。

積極的態度可以戰勝疾病

不瞭解自己的健康情形，很容易因為小病小痛而憂慮不已，如果這些疼痛是初期的病徵，若未及時治療，便可能惡化而後悔莫及。

記住：不要猜測自己的健康。有一位年輕有為的汽車業務經理，卻期待死亡！甚至選好墓地，並且安排後事。

他時常喘不過氣，心跳加快，喉嚨哽塞。他去看過家庭醫生，那是一位心理及外科名醫。醫師要他放下工作休息，並且放鬆心情。

他請假在家裡休養一段時間，讓身體休息，但是心裡卻因為恐懼而無法平靜。仍然會喘不過氣。當時是夏天，醫師建議他到科羅拉多州度假。

科羅拉多州宜人的氣候、壯闊的山脈撫平不了他的恐懼。他還是經常喘不過氣、心跳加束，喉嚨哽塞。不到一個星期，他回家了，認為自己的死期不遠。

「不要再憑空猜測！」本書的作者告訴這位業務經理，「到醫院徹底檢查，有益無害。現在就去！」

檢查的結果，醫師說：「你吸進太多氧氣！」醫師要他原地跳五十下，果然，他喘不過氣，呼吸急促，喉嚨哽塞。

「我該怎麼辦？」年輕人問。醫生說：「發生這種情形時，你可以⑴用一個紙袋呼吸，⑵暫時停止呼吸。」醫師給他一個紙袋。年輕人遵照指示，呼吸恢復正常，高興地離開診所。

此後，當同樣的情形發生時，他就暫時停止呼吸，讓身體的功能恢復正常。幾個月之後，他不再恐懼，症狀也消失了。

當然，並非所有的治療都這麼簡單有效，有時候想盡辦法也沒有用，不要灰心，保持積極的態度。

另外一位業務經理住進一家小鎮旅館，走進房間時跌斷了腿。旅館經理就近送他到醫院治療，幾天之後，他自認為沒有大礙，就出院回家了。他接受家庭醫師的囑咐，在家休養幾個星期。事實上，他的腿外表雖然逐漸復原，骨折卻並未治癒。幾個星期之後，醫師告訴他病情惡化，可能會變成跛子時，他非常懊惱，因為他必須站著工作。

他和本書作者談論這件事情。「不要管他！一定有辦法治療。想辦法！不要只憑猜測。立刻去做！」我們告訴他上述汽車經理的故事，同時建議他就醫檢查。

他同樣高興地離開診所。醫師告訴：「你的身體需要鈣質，每天喝一大罐鮮奶就可以了。」他照做了，不久，他的腿就恢復健康。

用積極的態度預防意外事故

「安全第一」就是積極的態度。報紙有一則新聞標題是：「趕不上別人的喪禮，趕上自己的喪禮。」報導中寫道：「一位汽車駕駛人為了趕往一場喪禮，由於超速造成追撞，六人死亡……」

如果你想要活得更久、更健康，一定要小心駕駛，遵守交通規則。車上有乘客時，你必須為他的安全負責，反之亦然；有勇氣拒絕搭乘有危險的司機所駕駛的車，或是煞車不靈的車，包括自己的車子。

芝加哥的布魯丹特大樓，每一個樓層造價達一百萬美元，在同類型的辦公大樓之中，支付的成本卻最低。因為，沒有一個人在此喪生！沒有發生過重大的意外。由於積極的態度，大樓的安全設備非常完善。

相形之下，消極的態度所導致的疏忽和漠視，便造成許多悲劇和意外：

帝國大廈每一百呎的高度有一人喪生！

胡佛水庫工程死亡人數高達一百一十人！

舊金山大橋在建造時，每一百一十呎就有一人喪生！

科羅拉多河導水管施工期間，造成八十人喪生！

一千兩百一十九人在建造巴拿馬運可時喪生（另外有四千七百六十六人在其他相關工程中喪生）

九十七人在建造大高利水壩及哥倫比亞船塢時喪生！

沒有人知道悲劇何時發生

用積極的態度做好準備，有備無患。吉蒂姑媽失去她九歲的獨子。她是稱職的母親和家庭主婦，沒有任何工作經驗。吉蒂姑媽有虔誠的宗教信仰，她知道雖然失去兒子，仍然必須活下去，努力付出，讓世界更美好。

吉蒂姑媽為了減輕傷痛，填補生命中的空缺，她要讓自己忙碌；由於沒有機會再讓自己的兒子快樂，她要盡己所能讓別人快樂。

她在一家生意興隆的餐館找到女侍的工作。工作的時間很長，工作時她必須與人交談，表現出愉快的樣子。宗教的信仰及對別人誠摯的關心，加上長時間忙碌的工作，減少她的痛苦，使她的身心維持健康。

你的健康受到很多內在因素的影響，包括心理因素。

從一位高中女生在考試之前疼痛，可以看出情緒的困擾是如何影響潛意識，造成明顯的身體不適，以達到特定的目的。一位高中女生每次考德文或歷史時一大早就開始嚴重背痛。她不喜歡這兩個科目，準備不夠。疼痛非常的劇烈，必須躺在床上，她沒辦法休假，必須承受痛苦。

奇妙的是，到了下午三點半左右，放學時間，疼痛就會大為減輕；到了晚上，她的男友來看她，就會奇蹟似地不藥而癒。

身心健康是積極的態度的報酬。積極的態度會使人努力、有耐心，而明確的目標、清晰的思考、創意的眼光、勇敢的行動、毅力及真正的認知，都需要熱誠和信心，幫助你達成及維持積極的態度。

當你向目標邁進時，什麼最重要？

快樂是最重要的。

如果你現在很快樂，會希望維持已經擁有的快樂；如果你不快樂，更想要知道如何讓自己快樂。下一章教你如何吸引快樂。

【導航須知】 第十七號導航員

1. 你可以更健康。積極的態度影響你的健康。消極的心態招徠疾病。
2. 好的、積極且愉快的思想，讓你的心情更好；影響你的心情，同時會影響你的身體。
3. 想想那個用積極的心態救治新生兒子的父親。對你所愛的人懷著積極的態度，可能挽救他的性命。

4.不要像工程師的妻子一樣，對消極的心態妥協而失去性命。隨時保有積極的態度。

5.培養積極的態度，深入你的潛意識。如此，在危急的時刻，就會自動浮現在你的腦海。

6.研讀聖經及其他勵志書籍，教你如何激勵自己，幫助你達成目標。

7.學習十七條成功定律，運用到你的生活之中。你都記住了嗎？

8.金錢雖然不能買到健康，但遵循簡單的原則、良好的作息和健康習慣，積極的生活態度，卻能使你像洛克斐勒一樣健康長壽。

9.積極的人瞭解教育與身心及社會健康的重要性，漠視這個主題，可能導致疾病和死亡。隨時注意你的身心健康情形。

10.絕不放棄希望——所有的疾病都可能找到治療的方法。不要憑空臆測，用積極的態度尋求適當的醫療與協助。

11.積極的人隨時提高警覺，防止意外。萬一發生意外，積極的態度使你能夠冷靜地面對問題。

12.積極的態度使你獲得身心健康與長壽。

我覺得健康！我覺得快樂！我覺得大有可為！

第十八章　吸引快樂

你能吸引快樂嗎？

人與人之間原本差異極小，但這種小差異卻造成大不同！小差異是指人所選擇的心態，是積極還是消極？大不同的結果，是快樂或痛苦？

想快樂就採取積極態度，快樂就應聲而來；消極態度者不會吸引快樂，只能排斥快樂。

林肯曾經說過：「根據我的觀察，人們快樂與否，完全是自己的決定。」

努力讓別人快樂，最能夠使自己快樂，這是為你自己追求快樂最確信的方法。作家克蕾克‧瓊斯（Claire Jones）的丈夫是奧克拉荷馬大學宗教學系的教授。她說到自己的婚姻生活：

「結婚頭兩年，我們住在一個小鎮上。鄰居是一對非常老的夫妻，妻子幾乎看不見坐著輪椅；老先生的身體不太好，還要負責照顧屋子和妻子。

聖誕節之前幾天，丈夫和我開始佈置聖誕樹。我們決定送給老人家一棵樹。我們買了一棵小樹，用亮片和彩燈裝置，綁上幾個小禮物，在聖誕節前一天晚上送過去給他們。

老太太在昏暗的光線上看到耀眼的燈光，高興得哭了起來。她的丈夫一再地說，他們好幾年沒有買過聖誕樹了。其後的一年內，每次我們去看他們，他們都會提到那棵樹。

第二年的聖誕節，他們已經搬走了。我們為他們所做的事情微不足道，但很高興自己這麼做。」

付出善意所帶來的快樂，在他們的心裡留下非常深遠且溫暖的回憶。

快樂與否都是自己決定

快樂與否，都是自己決定——關鍵在於你的心態。

殘障不能阻礙快樂。海倫・凱勒生來既聾又啞且盲，完全無法與周遭的人溝通，但她的一生過得十分快樂，愛人且被愛。

海倫・凱勒深深地為自己的幸運感恩，她把美好的事物與人分享，也為自己帶來更多美好的事物。與別人分享快樂，自己會更快樂。

相反地，如果你和別人分享悲慘和不快樂，會讓自己更不快樂，別人也會對你敬而遠之。

世界上有許多寂寞的人，渴望愛和友誼，卻得不到；有些人希望幸運能夠降臨在自己的身上，卻不願意和人分享任何美好的事物。

與別人分享美好的事物就能趕走寂寞

鼓起勇氣，與別人分享美好的事物，就能趕走寂寞。有一個小男孩非常寂寞，過得很不快樂。他生下來脊椎骨畸形，左腿彎曲。男孩的父親非常窮困，母親在他還沒滿周歲時就過世了，由於殘障，他無法參與同伴的活動，別的孩子都不和他玩。他的名字是查爾斯·史丹麥茲（Charles Steinmetz）。

造物者並未忽視他。為了彌補他肢體的殘障，查爾斯的頭腦非常好。他在五歲時會說拉丁語，七歲時學會希臘文及流利的希伯來文，八歲時會代數和幾何學。

讀大學時，他的學業成績頂尖，以優異的成績畢業。他省吃儉用，租了一套禮服，準備在畢業典禮時接受頒獎，學校當局卻在公佈欄上張貼佈告，藉口不讓查爾斯參加畢業典禮。這件事情促使查爾斯更加努力使人們注意他的內在能力來尊重他，並努力培養與朋友間的友誼，促進善良的風氣。

為此，查爾斯搭船前往美國，開創新的人生。找了幾次工作，因為外表的殘障無功而返，最後在通用電器找到製圖員的工作，週薪美金十二元。除了例行的工作，他花費許多時間從事電器的研究，並且與同事分享所有美好的事物，彼此之間建立好的情誼。

經過一段時間，通用電子公司的董事長發現他的長才。他對查爾斯說：「你要做什麼都可以，如果你想要整天做白日夢，我們照樣付你薪水。」

查爾斯努力工作，勤勉不懈。在他的一生當中，發明兩百多種獲得專利的電氣用品，發表無數有關電氣理論和工程問題的著作及專業的報告。他知道完成工作的滿足感，也知道讓世界更美好的滿足感，一生過得快樂充實。

快樂從家庭開始

我們的一生當中，大部分的時間都在家中，和家人共同度過。遺憾的是，很多家人之間，沒有愉快和諧的關係，使原本充滿愛、幸福與安定的天堂，成為水火不容之處，家庭問題層出不窮。

在我們的成功定律課程中，問到一位聰慧、年齡約二十四歲的年輕學員：「有沒有問題？」

「有，」他回答，「我的母親。這個週末我決定要離家出走。」

我們一起討論他的問題。他和母親之間相處不好，顯然母親具侵略性、好支配的個性和他一樣。

我們在上課時說過，個性就像磁鐵一樣，同性相斥、異性相吸。講師告訴他：「你的個性太像母親。你從自己的反應，就可以知道母親的反應。如此很容易解決你的問題。這個星期你的作業是，母親要求你做的事情，都要高興地去做。當她表示意見時，用愉快的態度贊同她的看法，至少不要反駁她的話。當你想到她的缺點，同時找出她的優點。如此就可以影響她，讓她照著你的方式做。」

「沒有用！」那位學員回答，「她實在太難相處了！」

「你說得沒錯。」講師回答，「你必須有積極的態度，否則就沒有用！」

一個星期後，講師問那名學員問題處理得如何。他說：「我很高興，這個星期我們沒有說過一句不愉快的話。我決定留在家裡。」

父母需調整態度去瞭解孩子

父母不瞭解自己的孩子。人們總以為每個人都像自己一樣，用自己的反應判斷別人的反應。有時候是對的，像那個和母親處不好的年輕人。但是，很多父母不瞭解孩子的個性和他不同，因此產生親子問題。父親不知道自己和孩子都會隨時間而改變，並未調整自己的態度，因應孩子和自己內在的轉變。

「我真搞不懂她！」父親說。一位律師和妻子生了五個優秀的孩子，他們不喜歡讀高中一年級的大女兒，她並未依照父母的預期；女兒自己也一樣滿腹牢騷。

「她是個好女孩，但是我搞不懂她！」父親說，「她不喜歡做家事，每天彈鋼琴就花費幾個小時。暑假我幫她在百貨公司找到工作，她卻不肯上班，只想整天彈鋼琴！」

我們發現女兒的理想、抱負和天份遠超出父母，他們必須瞭解每個人都不相同，否則很難體會孩子的想法。

父母認為，女孩子會彈鋼琴很好，同時也要做家事；暑假到商店打工是最好的安排，夢想當鋼琴家根本是浪費時間。「總有一天她會結婚，必須持家，應該要實際一些。」父母說。

我們向父母解釋女兒的能力和天份，讓他們瞭解自己的女兒，同時告訴女兒父母的想法；三個人努力瞭解彼此的問題，用積極的態度調適，從此和樂相處。

體諒別人才能過得快樂

體諒別人，才能過得快樂。瞭解別人的能力和自己不同，如此就更容易培養積極的態度，在人際之間產生良好的互動。

異性相吸。個性迴異的人，可能相處融洽。積極、進取、自信、樂觀、精力無窮的人，和保守、畏懼、羞怯、守成、缺乏自信的人常會互相吸引，互補所長，互相鼓勵。調和個性，中和極端。如果你和個性完全相同的人結婚會幸福嗎？答案可能是否定的。

父母認為孩子應該體諒及感激父母為他們所做的一切，孩子卻不體諒也不感激，許多不愉快因而發生。這是誰的錯？父母或孩子？

不久之前，我們晤談一家知名企業的總裁。他時常因為善行而見報，自己卻非常不快樂。

「沒有人像我一樣！連我的孩子都討厭我！為什麼？」他問。

他的確是一個好人，給孩子所有金錢可以買到的東西，在生活中處處保護孩子，不讓孩子像自己一樣吃苦；他栽培兒女受教育，從來不要求感激。

然而，他若能教孩子感恩，給他們機會自食其力，情況就會大不相同。他努力讓孩子快樂，卻從未教他們如何使別人快樂，因此，孩子們讓他不快樂。他從來不關心孩子的反應，以為他們都瞭解。如果他在孩子成長的過程中，告訴他們自己的奮鬥歷程，他們會更懂得體諒。

像他這樣的人沒有理由不快樂。他應該用積極的態度，努力讓最親愛的孩子瞭解自己；找時間多陪孩子，表現他的愛和關心，不只是提供物質上的滿足。只要他付出心力，就會得到愛和體諒做為回報。

明智地選擇好的朋友，遠離對你可能造成傷害或不良影響的人。注意，當你的心態消極時，就會遠離生命中美好的事物，吸引不當的人。

如果你因為別人所說的話而受到傷害，不要讓別人受到同樣的傷害。

如果某人說話的口氣和態度使你不愉快，避免用同樣的態度對待別人，即使他是你五歲的孩子或親友。如果有人誤解你，要表現出信心——別人有質疑的權利，如果你想要被稱讚、被想念，就要經常稱讚或想念別人。

寫信是很好的溝通方式

思念總在分手後，書信往來讓彼此的心更接近。

寫信時必須思考，把思緒轉換到紙上。回憶過去、分析現在及設想未來，培養你的想像力。愈常寫信，愈喜歡寫信。提出問題，把收信者的思路引導到適當的方向，使他容易回覆，讓他寫信，你就能得到收信的快樂。除此之外，寫信可以使收信的對方用你的方式思考。如果你的信文情並茂，激勵性的話語，會使他常記心裡。

書信不應該因為結婚而終止。馬克・吐溫每天寫情書給妻子，即使兩個人都在家裡也不例外，他們的生活十分幸福美滿。

滿足

羅比・路易斯・班斯塔克（Rabbi Louis Bienstock）在《信任的力量》（The Power of Faith）一書中闡述快樂：「人類原本是一個整體。愚蠢、錯誤、恐懼將人們拆散，信任使人們再度結合；對自己、對同伴、對正義、對上帝的信任，使世界一家，人們生活幸福安寧。」

希爾博士曾寫過一篇名為「滿足」的文章，你會發現這是一篇極為實用的文章（內文請看《一年致富法》）。

只要人做得對，世界就對了。每個人都可以得到快樂和財富。如果罪惡感阻礙你追求成功，下一章將幫助你確保幸福快樂的人生。

【導航須知】　第十八號導航員

1. 林肯曾經說過：「根據我的觀察，人們快樂與否，完全是自己的決定。」你是否決定讓自己快樂？若否，你是否決定不讓自己不快樂？
2. 人與人之間僅有小小的差異，但積極或消極的態度使人大大不同。
3. 奉獻自己，讓別人快樂，是讓自己快樂最明確的方法。
4. 追求快樂，快樂不可及；帶給人快樂，自己卻能得到數倍的回報。
5. 分享快樂與美好的事物，你就能招徠快樂與美好。
6. 分享悲傷和失意，就會吸引悲傷和失意。
7. 快樂從家庭開始。努力讓家人快樂。
8. 個性迥異的兩個人相安無事，其中之一必定有積極的態度。
9. 隨時留意自己和別人的反應。
10. 你是否想要成為快樂谷的一員？

讓別人快樂，自己就能快樂！

第十九章　擺脫罪惡感

你有罪惡感。很好！

罪惡感並沒有錯。任何一個人，不論是好人或壞人，都會有一些罪惡感。如果一個人做了不好的事情，卻沒有罪惡感，他將無法判斷是非對錯。

與生俱來的熱誠，受到社會的束縛及道德倫理標準的混淆，在人們的內心造成衝突，並且產生罪惡感。有時違反社會道德標準是好的，因為社會的標準本身是錯的。

罪惡感是好的，促使個人追求思想與行為更高的道德標準。

拿塞斯的索爾是一個正直的人，對少數的宗教團體進行迫害，使他產生罪惡感；這種罪惡感促使他採取行動，終於成為偉大的福音傳播者。

約翰・本仁（John Banyan）對自己的惡行感到悔悟，他在獄中寫成一本書《天路歷程》，成為教化人性、歌誦生命的經典之作。

我們在第十五章提到一個人，他為了彌補內心的愧疚，捐了五十萬美元給芝加哥少年俱樂部。

偉大的史懷哲醫師也同樣是受到罪惡感的驅使，他認為自己沒有盡到對同胞的責任，於是開始偉大的使命。

罪惡感是好的，然而，若加上消極的心態，往往會造成很大的傷害。潛意識永遠不會忘記犯過的錯誤，罪惡感促使人們毀損肉體，刻意讓自己生病，用其他方式傷害自己，讓自己痛苦，甚至毀滅生命。

罪惡感教你體諒別人

體諒別人是每個人必須學習及培養的特質。新生兒不管他人的感受，任意哭鬧，漸漸地，他知道有別人的存在，慢慢地懂得體諒。我們在自私時會感到懊惱，才能夠再重新思考。

湯瑪斯・古恩（Thomas Gunn）六歲的孫子到俄亥俄州他的家中暫住。每天傍晚，他結束工作回家時，孫子跑來接他，他都會非常開心地給小男孩一小包糖果。

有一天，男孩跑到祖父的面前，滿懷興奮且期待地說：「糖果呢？」老祖父不動聲色地說：「你每天來接我，」他遲疑片刻接著說，「就是為了一包糖果嗎？」男孩把祖父剛剛從口袋裡掏出的糖果還給他，回家的路上，一句話也不說。孩子知道他傷害了祖父的心。

那天晚上，六歲的孫子和祖父一起跪下來禱告。最後，男孩加上自己的話：「天父，請你讓祖父知道我愛他。」

男孩感到懊惱，他用行動擺脫罪惡感，並且修正自己的行為對所犯的錯誤做出補償。

造成罪惡感的原因有很多，其中之一是虧欠。虧欠必須加以彌補。年輕的醫生勞德・道格拉斯寫過一則小說，故事中的主角接受腦部手術，幸運地挽回性命，後來成為高明的腦科醫生。虧欠促使他成為有用的人。

用行動消除罪惡感

有時人們會執迷不悟，做出錯誤的事情無法自拔，他們放棄努力，愈陷愈深。

吉姆・凡斯（Jim Vaus）就讀大學時，有一天他偷了美金九十二・七四元，買了機票飛到佛羅里達州。不久他重施故技，卻失風被捕。其後獲得特赦，他加入軍隊，在軍中又惹出麻煩。

吉姆犯的錯誤愈多，罪惡感愈深。後來，他的意識麻木了，但潛意識中的罪惡感卻日漸累積加深。

吉姆終於退伍了，他結婚，搬到加州，開了一家電器公司。有一天，一位名叫安迪的人來找他合夥；不久，吉姆開起名貴轎車，在郊區買下舒適的房子。妻子不知道錢從哪裡來，他什麼也不說，倆人為此大吵一架。之後，他提議和妻子到海邊兜風，途中，他們看到數百輛車子湧進一處停車場。

「吉姆，」愛麗絲說，「那是比利・葛理瀚牧師！我們去看看。」

比利・葛理瀚（Billy Graham）講道時，每一句話似乎都是針對吉姆，使他坐立不安。葛理瀚說：「一個人賺得全世界，卻賠上自己的靈魂，這樣有什麼用處呢？如果你明白這些道理，卻意氣用事，做了錯誤的決定，這是你最後的機會。」

最後的機會！吉姆恍然大悟。

吉姆的人生徹底改變。幾年之後，他在洛杉磯演講時，說到當天的情形。那天他奉命到聖路易斯執行一項竊聽的任務。「我根本沒有去聖路易斯，」他說，「感謝上帝的寬恕，使我不再犯下錯誤。」

會後，一位女士過來找他：「凡斯先生，有一件事情你可能有興趣。我是市長辦公室的職員。你預定去聖路易斯的那一天，我接到ＦＢＩ（聯邦調查局）的電報說，等你一到聖路易斯，立刻攔截射殺。」

你自己「最後的機會」可能沒有那麼戲劇化。吉姆・凡斯的故事是很好的啟示。以下是他擺脫罪惡感的方法：

「首先，注意聽別人的建議，包括演講和佈道，可能改變你的一生。接著細數自己的幸運，感謝上帝。承認自己犯過的錯誤，如此你就有勇氣請求上帝寬恕。此時已經踏出第一步。」

逐一彌補自己的錯誤

第二步是逐一彌補自己的錯誤。立即行動！

此外，你還可以運用有意識及潛意識的力量：

- 追求真理。
- 敦促自己採取建設性的行動。
- 努力追求最高的理想，包括身心的健康。
- 明智地生活。
- 避免無謂的傷害。
- 從現狀開始，到你理想的境地。

拋開所有阻礙你追求生命中偉大成就的事物，明辨是非善惡。

「知道目標是一回事，做到又是另外一回事。」選擇你的目標，努力追求，引導你的思想，控制你的情緒，採取行動，開創你的命運。

培養良好的特質

讓孩子處在能夠培養有益的思想、動機或習慣的環境之中。如果你所選擇的環境，在一段合理的時間之後不見效果，就要尋求替代或改變。你自己也是一樣。因為人的品德會受到所處環境的影響。

為何會犯罪？前任加州大學教務主任波米斯特說：「孩子需要在家庭教育之中，學習判斷是非善惡。」

「每個人生來都具有一些良好的特質，」依格・胡佛說，「犯罪的種類有很多，基本的原因都是由於缺乏對人的道德與責任感。」缺乏道德與責任感的原則，就是缺乏罪惡感，良知被蒙蔽了。

道德互相衝突時需抉擇

是非對錯有時候很難論定，尤其是道德的衝突。每一個人每天都難免會遇到種種衝突，所以必須有所抉擇。他必須在應該做或想要做、個人的需求及社會的期待之間抉擇。例如：⑴對父母與對丈夫（或妻子）的愛和責任互相衝突；⑵對某個人與對另外一個人的忠誠；⑶對某個人與對組織（或社會）的忠誠互相矛盾。

喬治・強森的公司有一位推銷員約翰・布雷克，喬治非常器重他，並給他《思考致富聖經》一書，促使他採取行動——卻是錯誤的行動！約翰沒有體會到書中真正的涵意，而是斷章取義，只對攫取財富有興趣。他相信成敗論英雄，負面的心態使他誤入歧途。

「喬治・強森就像我的父親，我也把他當成父親。」約翰說。然而，他卻為了一己的私利，計畫挖走公司的客戶和業務員，投入競爭的對手公司。

約翰到同事的家中拜訪，先要求他們信守承諾，不可以出賣他。接著問：「你是否希望自己的收入加倍，生活更安定？」對方的回答總是：「沒錯！那要怎麼做呢？」

約翰回答：「你先答應不可以告訴任何人。你做得到嗎？」

如果對方答應，他就開始遊說他們跳槽，加入競爭的公司。

有些人拒絕了，答應不把約翰的計畫說出去，內心卻掙扎不已；他們知道約翰的所做所為，將嚴重打擊喬治・強森和他的公司。

有些具正義感的同事，試圖規勸約翰，讓他知道這種做法並不正確，他卻執迷不悟。他們知道該怎麼做：把實情告訴喬治・強森。他們選擇繼續對雇主忠誠。

林肯說：「支持做對的人，離開做錯的人。」在道德互相衝突時，能夠明辨是非，如此才是真正有勇氣且忠誠。

在你的生活中，也可能遇到很多這種衝突和矛盾的情形。你如何抉擇？衡量的標準是：只要你的良知不會產生罪惡感，就是對的。

下一章的成功係數分析，可以幫助你做出正確的決定。

【導航須知】 第十九號導航員

1. 你有罪惡感？很好！但是，要擺脫罪惡感。
2. 彌補過錯手能擺脫罪惡感。
3. 擺脫罪惡感的公式是：

- 注意聽別人的建議，包括演講和佈道，體會其中的原則。
- 接著細數自己的幸運，感謝上帝。

• 真心悔改自己的錯誤，不再犯錯。
• 踏出第一步：承認你的罪過，並專注於彌補之道。
• 盡力彌補自己的錯誤。
• 牢記、瞭解、嘗試及應用成功的法則。

4. 阻礙你追求生命中偉大成就的一切，都應該拋開。
5. 個性應該掌握和教育。
6. 兩種美德互相衝突時，你該怎麼做？
7. 分辨是非善惡最好的方法是，尋求宗教力量的無形指引。

你有罪惡感——很好，但是要擺脫罪惡感。

第五部

行動

用積極的態度，學習及應用激勵的技巧，你就能夠真正掃除對自己的限制，包括：

1. 因為疏忽而形成消極的心態。
2. 因為疏忽而不去學習及運用心靈的力量。
3. 因為疏忽而不用心思考、研究、計畫以追求成功。
4. 因為疏忽，你知道該做什麼及怎麼做，卻不採取必須的行動。
5. 因為疏忽而不運用成功的法則。
6. 自我設限。

記住，只要你願意，疏忽是最容易改變及克服的壞習慣。

第二十章　測驗你的成功係數

你即將看完本書，現在正好來進行自我測驗，了解自己是否具有積極的正確態度。

密爾本・史密斯（Milburn Smith）從助理人員被擢升到總裁辦公室。他說：「許多人認為自己原創的理念才有價值，而我則複製他人的成功！」他還說：「尊重並且傾聽有經驗的人說話，他們有我們想要的東西；我經常與年長及成功的人為伍，擷取他們所長，補自己所短；學習他們的知識和經驗，他們的錯誤可以做為他山之石。」

學習必須付出代價。

先問自己幾個問題：我是否願意付出代價？我是否願之擷取本書中人物的知識及經驗，但不要犯同樣的錯誤？

若你的回答是肯定的，我們將幫助你。首先我們要提醒你，看這本書時，你必須經常反省自己。正確地評估自己並非易事，以下的問題可以幫助你。

你做過智力、性向、人格、字彙等各種測驗。這次並不相同，我們稱之為「成功係數分析」，根據各行各業傑出的領導者遵循的十七條成功定律設計，其目的如下：

・引導你的思想到目標的方向。
・催化你的思想。
・評估你的現狀與成功的差距。
・鼓勵你確定自己的目標。
・衡量成功的機會。
・評估你的能力與特質。
・促使你用積極的態度採取行動。

我們的建議：立刻回答以下分析成功係數的問題，量完整且真實。不要欺騙自己，誠實地回答每一道題目，測驗才有意義。

成功係數分析

1. **設定明確的目標**	**是**	**否**
(1)你是否確定一項人生的主要目標？	＿＿	＿＿
(2)你是否有達成該項目標的期限？	＿＿	＿＿
(3)你是否有達成該項目標的明確計畫？	＿＿	＿＿
(4)你是否確知生活中哪些事物有利達成你的目標？	＿＿	＿＿

2. **培養積極的態度**

(1)你是否瞭解積極的態度的意義？

(2)你可否掌握自己的心態？

(3)你是否知道每個人都能控制自己的心態？

(4)你是否知道如何看出自己和別人的消極的心態？

(5)你是否知道如何培養積極的態度？

3. **加倍付出**

(1)你是否習慣為別人提供更多更好的服務，不計較報酬？

(2)你是否知道員工何時有權利獲得更高的收入？

(3)你是否認識任何一個人，不為別人做得更多，卻能夠成功？

(4)你認為一個人是否必須做得更多，才有權利要求加薪？

(5)如果你是雇主，員工對於工作的表現和你一樣，你是否感到滿意？

4. **正確的思考**

(1)你是否認為不斷地提升工作的專業知識，是自己的責任？

(2)你是否經常對自己不瞭解的事物表示意見？

(3)在疑惑時，你是否能夠探究事實與真相？

5. **加強自律**

(1)憤怒時你是否口不擇言？
(2)你是否習慣未經思考脫口而出？
(3)你是否容易失去耐心？
(4)你是否脾氣暴躁？
(5)你是否經常讓情緒沖昏理智？

6. **建立智囊團**

(1)你是否會借重別人的幫助來達成目標？
(2)你是否相信一個人可以完全不靠別人的幫助而成功？
(3)你是否認為一個和妻子或家人敵對的人，在事業上可以成功？
(4)勞資雙方和諧相處是否有好處？
(5)你所屬的團體受至稱讚，你是否與有榮焉？

7. **運用信念**

(1)你是否相信無窮的智慧？
(2)你為人是否正直？
(3)你是否有信心做到自己決定要做的事情？
(4)你是否理性地擺脫這七項基本的恐懼：①貧窮、②批評、③病痛、④失去愛、⑤年老、⑥失去自由、⑦死亡？

8. 培養吸愉快的個性

(1)你有無令人討厭的習慣？

(2)你是否習慣經常運用《聖經》愛的「黃金律」（Golden Rule）？

(3)你是否受到共事的人喜愛？

(4)你是否令人厭煩？

9. 培養個人進取心

(1)你是否有工作計畫？

(2)你的工作是否必須由別人事先計畫？

(3)你在工作上你是否具備別人所沒有的優越條件？

(4)你是否習慣拖拖拉拉？

(5)你是否經常嘗試更好的計畫，以提高工作效率？

10. 充滿熱情

(1)你是否充滿熱情？

(2)你是否把熱情用在執行計畫上？

(3)你的熱情是否干擾你的判斷？

11. 專心致志

(1)你是否專注於自己所做的事情？

(2)你是否容易受到影響而改變計畫或決定？

(3)遭到反對時你是否容易放棄目標和計畫？

(4)即使遭遇無法避免的挫折，你是否繼續努力？

12. **激發團隊合作**

(1)你和別人是否和睦相處？

(2)你是否盡力幫助別人？

(3)你是否經常和別人意見不合？

(4)同事之間友善地合作是否有很大的利益？

(5)你是否知道不與同事合作有害處？

13. **向逆境和挫敗學習，記取教訓**

(1)你是否因為挫折而不再嘗試？

(2)如果你一項努力失敗了，是否會繼續嘗試？

(3)一時的挫折是否等於永遠的失敗？

(4)你是否由挫折中得到任何啟示？

(5)你知道如何將挫折轉變為邁向成功的資產嗎？

14. **創新思維**

(1)你是否將想像力用在建設性的事物上？

(2)你是否自己做決定？
(3)只會遵守命令的人是否優於創新觀念的人？
(4)你是否有發明的天份？
(5)你是否配合工作提出可行的構想？
(6)你是否尋求良好的建議？

15. **時間和金錢精打細算**

(1)你是否以收入的固定比例做為儲蓄？
(2)你用錢是否不考慮未來的收入來源？
(3)你每天晚上的睡眠是否足夠？
(4)你是否經常利用餘暇閱讀勵志書籍？

16. **保持身心健康**

(1)你是否知道健康的五項基本要素？
(2)你知道健康從哪裡開始？
(3)你知道休息和健康的關係嗎？
(4)你知道均衡健康的四項重要因素嗎？
(5)你知道「憂鬱症」和「心理症」的意義嗎？

17. **運用宇宙慣性定律（吸引力法則）**

⑴你是否有無法控制的壞習慣？ ____

⑵你是否剛剛革除不良的習慣？ ____

⑶你是否剛剛養成新的、良好的習慣？ ____

計分說明。以下問題的答案應該回答「否」：3⑶、3⑷、4⑵、5⑵、5⑶、5⑸、6⑵、6⑶、8⑴、8⑷、9⑵、9⑷、10⑶、11⑵、11⑶、12⑶、13⑴、13⑶、14⑶、15⑵、17⑴，其餘都應該回答「是」。滿分是３００。每答錯一題扣四分。最後得出總分。

說明：

３００分（滿分）——滿分（非常難得）

２７５分～２９９分——佳（中等以上）

２００分～２７４分——可（中等）

１００分～１９９分——劣（中等以上下）

１００分以下——不及格

你已經踏出成功與快樂非常重要的一步。

你已經努力且誠實地做完所有的問題。重要的是，這些並非最終的結果。如果你的分數很高，表示你能夠很快應用書中的原則，如果不是，也請你不要灰心。

從頭到尾再看一篇，然後多看幾遍；和丈夫、妻子、好朋友一起讀，逐項討論，直到每一項原則都成為你生活中的一部分，激勵你每一次的行動。

持續應用這些原則，三個月之後再做一次測驗。你的回答會更正確，也更篤定。

你的成功係數是一項評量的工具，讓你瞭解自己的長處，及最需要改進的地方。

未來就在你的眼前。你有力量引導思想，控制情緒，喚醒內心沈睡的巨人。下一章教你怎麼做。

【導航須知】　第二十號導航員

1. 經常檢討你的成功係數，直到能夠正確地回答每一個問題為止。
2. 問自己適當的問題，有助於解決問題，培養良好的習慣。把問題寫下來，用心思考，努力尋求適當的解決之道，得到你想要的結果。

撒下行動的種子，收穫的是習慣；
撒下習慣的種子，收穫的是個性；
撒下個性的種子，收穫的是命運。

第二十一章　喚醒內心沈睡的巨人

你是最重要的人。從古至今，沒有人和你一模一樣，以後也不會有。

你是自己的產物：遺傳、環境、肉體、意識及潛意識、經驗、時空，加上已知及未知的力量。

你有影響、運用、控制或調和的能力，可以用積極的態度引導自己的思想，控制情緒、創造自己的命運。

你是心理加上肉體所組成的。

你的心理具有無形的巨大力量

你的心理具有無形的巨大力量：意識與潛意識。潛意識是永不休息的巨人，和意識互相調和，可以影響、運用、控制及協調所有已知及未知的力量。

喚醒內心沈睡的巨人！阿拉丁神燈是虛構的人物，你的巨人卻是真實的！

你想要什麼？愛？健康？成功？朋友？金錢？房子？車子？聲望？安心？勇氣？快樂？或者，你想要讓世界更美好？內心的巨人可以讓你的希望成真！

你想要什麼？說出來，那就是你的。

如何喚醒內心沈睡的巨人？沈睡的巨人被魔棒一點，會像奇蹟般出現。魔棒就在你的手中——思考，用積極的態度思考，用具體而正確的詞彙來表示積極的態度的特質，那就是——信心、希望、誠實和愛。

你正走向人生的旅程，你的目標就像人生的羅盤，自動引導你前進，度過失望、危險及挫折。我們在每章末所附的導航須知，因為你是在前進而非靜止不動。

你所踏上的征途往往是你不熟悉的洶湧航道。為了成功到達目的地，你需要掌握導航技術。

你想要選擇一條正確的航道，就必須依賴準確的羅盤，而你的準確性是來自於航行者不斷的校正。

本書將指引你走向成功之路

當你校正了人生羅盤，你會自動反應，與你的目標、你的最高理想處於同一條直線上，正如同磁針總是與南北極處於同一條直線。人類的最高理想就是上帝的旨意。

本書和你一起走向成功之路，帶給你成功、財富、身心健康及快樂。卡內基說：「生命中值得擁有的一切，都值得努力追求。」

喚醒內心沈睡的巨人。下一章教你用勵志書籍，幫助你喚醒內心沈睡的巨人。

【導航須知】　第二十一號導航員

1. 你想要什麼？愛？健康？成功？朋友？金錢？房子？車子？地位？安心？勇氣？快樂？或是想要你的世界更美好？
2. 說出來，你就可以擁有——只要學習並且應用本書中的原則。
3. 思考。以積極的態度思考，然後付諸行動。
4. 依循你的人生羅盤的指引，你就能平安抵達目的地。
5. 人類最高的理想是上帝的旨意。
6. 喚醒內心沈睡的巨人！

喚醒內心沈睡的巨人！

第二十二章 閱讀勵志書籍

勵志的書籍具有神奇的潛移默化效果，可以啟動你內心巨大的力量，幫助你獲得成功。閱讀勵志書籍及文章，由成功者的經驗中，體會應用其中的原則。

波妮・渥茲（Brownie Wise）獨力養活自己和生病的兒子。她微薄的薪水不夠支付兒子的醫藥費，又在圖柏五金零件公司，找到一份兼差的工作貼補家用。她要讓兒子得到最好的醫療，並且搬到氣候宜人，適合休養的地方；她需要錢。波妮・渥茲祈求幫助。

她看了勵志書籍《思考致富聖經》，前後看了六遍，找到自己所需要的原則，實際應用。

不久，她在圖柏公司的年薪超過美金一萬八千元，幾年之後更超過美金七萬五千元，最後晉陞為公司副總裁兼任總經理，成為全美傑出的女性業務主管之一。她的事業一帆風順，後擔任非凡・伍德化妝品公司總裁。

這位傑出女企業家的成功從一本書開始。她購買數千本《思考致富聖經》送給旗下的業務人員，把自己所知與別人分享；他們都和她一樣看過許多遍，把書中的原則運用到自己的工作與生活。

李・梅汀吉（Lee S. Mytinger）和威廉・凱斯貝利（William S. Casselberry）是紐崔萊（Nutrilite）營養食品公司的業務員。

他看過《思考致富聖經》，並且把所知付諸行動。每一位新進員工接受職前訓練時人手一冊，對他們的業績有莫大的鼓舞作用。

克萊門・史東經常對員工做勵志性的演說，並時常購買勵志性書籍分送給員工、股東及業務代表；他的公司成長驚人，絕非偶然。

如何讀一本書

讀書的時候要專心，把作者當成你最好的朋友，這本書是為你而寫——只為你一個人。

林肯看書之後，會用自己的經驗加以印證。

看一本勵志書籍之前，先想想自己要的是什麼，如此你更能夠在書中找到所需。從頭到尾仔細看一遍，尋找、印證、吸收、應用書中成功的原則。

摩提・亞德勒（Mortimer Adler）在《如何讀書》一書中提出讀書的四步驟：

步驟一：閱讀一般的內容。第一次快速看過，掌握書中的思路；找出重要的字句。如果是自己的書，在空白處摘錄重點。

步驟二：再讀重點。第二次是吸收重點，學習書中新的觀念。

步驟三：再看一遍。第三次加深記憶，背誦你覺得最有意義的內容。用你目前所遭遇的問題加以印證，嘗試新的觀念，不論你原來的觀念和習慣是多麼的根深蒂固。

步驟四：稍後再讀一遍，複習並鼓舞自己。在情緒低落時，重讀好書，可以鼓舞自己回到最佳狀態。

每一本書中你都可以找到寶藏，激勵你付諸行動。

在本書結束之前，我們再度提醒你，和別人分享你所擁有的善與好的部分，喚醒內心沈睡的巨人。本書不是結束，而是你人生新紀元的開始。

祝你心想事成。

【導航須知】　第二十二號導航員

1. 你可以像克萊門‧史東等成功的經理人，用勵志書籍逐步引導部屬，達成目標和期許。

2.波妮・渥茲讀了六次《思考致富聖經》之後，才體會出其中的道理。多看幾次本書，你就能體會出成功的法則。

3.研讀勵志書籍時——

・專心。

・把作者當成你的好朋友，本書是為你而寫的。

・知道自己在找什麼。

・行動——嘗試書中的法則。

4.用你的思想、言行以及是否讓世界更美好來評估本書。

5.因為你看過本書，你會變得更好，你的世界將更美好。是不是這樣？

積極的態度讓你成功——只要你真心去做，就一定做得到。你是否真心去做？

Note

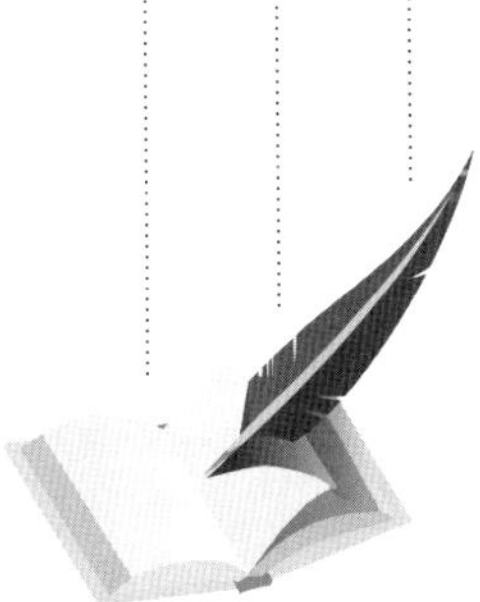

國家圖書館出版品預行編目（CIP）資料

積極態度成功聖經 / 拿破崙・希爾作 ; 王明華譯.
-- 初版. -- 新北市 : 世潮, 2019.03
面；　公分. --（暢銷精選 ; 72）
珍藏版
譯自 : Success through a positive mental attitude
ISBN 978-986-259-057-7（精裝）

1.成功法

177.2　　108001869

暢銷精選 72

積極態度成功聖經 珍藏版

作　　者／拿破崙・希爾
譯　　者／王明華
主　　編／羅煥耿
編　　輯／黃敏華、翟瑾荃、陳文君
封面設計／辰皓國際出版製作有限公司
出 版 者／世潮出版有限公司
地　　址／（231）新北市新店區民生路 19 號 5 樓
電　　話／（02）2218-3277
傳　　真／（02）2218-3239（訂書專線）
　　　　　（02）2218-7539
劃撥帳號／ 17528093
戶　　名／世潮出版有限公司
世茂網站／ www.coolbooks.com.tw
排版製版／辰皓國際出版製作有限公司
印　　刷／祥新印刷股份有限公司
初版一刷／ 2019 年 3 月
I S B N ／ 978-986-259-057-7
定　　價／ 350 元